촛불혁명과 2017년 체제

-박정희, 87년, 97년 체제를 넘어서

천오백만 촛불시민들,
그리고 촛불혁명에도 불구하고
아직 목소리를 갖지 못한 모든 사회적 약자들에게

손호철

화가를 꿈꾸다 아버지의 반대로 서울대 정치학과에 들어갔다. 선배를 잘못 만나 운동권이 됐고 투옥, 제적, 강제징집을 겪고 간신히 기자가 됐다. 신군부의 광주학살 왜곡보도 지시에 제작 거부를 하다 언론계를 떠나 텍사스주립대학으로 유학을 가야 했다. 서강대 정치외교학과 교수가 된 뒤에도 강의와 연구 이외에 한국정치연구회와 한국복지국가연구회 회장, 『진보평론』 공동대표, 민주화를 위한 전국교수협의회 상임공동의장 등 진보학술운동과 사회운동을 해오고 있다.

『한국정치학의 새구상』, 『전환기의 한국정치』, 『해방 50년의 한국정치』, 『해방 60년의 한국정치』, 『신자유주의 시대의 한국정치』, 『근대와 탈근대의 정치학』, 『현대한국정치: 이론, 역사, 현실』 등 이론서와 『3김을 넘어서』, 『빈수레의 개혁을 넘어서』, 『빵과 자유를 위한 정치』 등 정치평론집, 『마추픽추 정상에서 라틴아메리카를 보다』, 『레드 로드』라는 역사여행서, *Shooting Image*라는 사진책(공저)을 냈다.

서강학술총서
096

촛불혁명과 2017년 체제

–박정희, 87년, 97년 체제를 넘어서

손호철 지음

서강대학교출판부

서강학술총서 096

촛불혁명과 2017년 체제
–박정희, 87년, 97년 체제를 넘어서

초판 1쇄 발행 | 2017년 3월 8일
3쇄 발행 | 2022년 5월 25일

지 은 이 | 손호철
발 행 인 | 심종혁
편 집 인 | 주세형
발 행 처 | 서강대학교출판부
등록 번호 | 제2002-000170호

주 소 | 서울특별시 마포구 백범로 35(신수동)
전 화 | (02) 705-8212
팩 스 | (02) 705-8612

ISBN 978-89-7273-326-3 94340
ISBN 978-89-7273-139-9(세트)

값 15,000원

* '서강학술총서'는 SK SUPEX 기금의 후원으로 제작됩니다.

책머리에

“우리는 어디서 왔으며 무엇이며 어디로 가는 것인가?” 천재화가 폴 고갱이 숨 막히는 문명을 피해 간 타히티 섬에서 말년에 혼신을 다해 남긴 불후의 명작의 제목이다. 인류역사상의 모든 그림 중, 아니 모든 예술품 중 아마도 가장 철학적인 제목의 이 작품은 우리, 그리고 인류에 대해 가장 근원적인 질문을 던지고 있다.

충격적인 박근혜게이트와 역사적인 ‘11월시민혁명’을 바라보면서 우리는 우리 사회와 정치에 대해 폴 고갱처럼 “우리는 어디서 왔으며 무엇이며 어디로 가는 것인가?”라는 가장 근원적인 질문을 묻고, 또 묻지 않을 수 없다. 아니다. 미래는 ‘예측의 대상’이 아니라 우리가 만들어가는 것이라는 점에서, “우리는 어디서 왔으며 무엇이며 어디로 가야 하는가?”라고 묻고, 또 묻지 않을 수 없다. 이 글은 이에 대한 한 진보학자의 작은 고민의 결과이다.

그동안 주류세력은 대한민국이 “제 2차 세계대전 후 생겨난 신생국 중 경제발전과 민주주의를 동시에 이룬 유일한 나라"라고 자랑하며 한국현대사에 대한 비판적 입장을 자학사관이라고 비판해 왔다. 그러나 이번 사태는 촛불의 외침처럼 "과연 이게 나라이기나 한 것인가?"를 자문하게 만들고 있다. "대한민국이 헬조선인 줄 알았더니 사실은 유사샤머니즘이 지배하는 신정일치의 '고조선'이었다"라는 한 대학생의 절규가 너무도 뼈아프게 다가온다.

마르크스는 프랑스혁명과 반혁명의 혼란 속에서 삼촌의 명성을 팔아 정상에 오른 나폴레옹의 조카 루이 보나파르트를 바라보면서 "헤겔은 어디에선가 역사적으로 중요한 인물이나 사건은 두 번 반복된다고 쓴 바 있다. 그러나 다음과 같이 덧붙이는 것을 잊어버렸다. 첫 번째는 비극으로, 두 번째는 희극으로"라고 통탄한 바 있다. 그렇다. 근대화라는 이름 아래 민주주의를 짓밟고 영구집권을 노렸던 박정희가 비극이라면 루이 보나파르트처럼 아버지의 명성에 힘입어 대통령에 오른 박근혜는 희극임이 만천하에 드러났다.

박근혜라는 '최악의 대통령'과 천오백만 촛불이 상징하는 '최고의 시민'이라는 기이한 역사적 조합이 만들어낸 '11월시민혁명'은 왜 일어난 것인가? 그리고 이 촛불혁명은 어떻게 해야 완성할 수 있을 것인가? 이 책이 갖고 있는 기본적인 문제의식은 바로 여기에 있다. 특히 이 책이 주목하는 것은 박근혜게이트와 '11월시민혁명'이 해방 70년과 정부수립 70년을 전후하여, 흔히들 '87년 체제'라고 부르는 1987년 민주화 30주년, 지금의 헬조선의 원인인 1997년 'IMF 경제위기'와 시장만능의 신자유주의 전면화('97년 체제') 20주년을 맞아 일어났다는 사실이다.

촛불혁명은 세 측면이 촉발시킨 것이다. 가장 표층인 '사건사'적인 면에는 박근혜게이트가 있다. 박근혜는 '박정희신화' 덕으로 대통령에 올랐고 문화계 블랙리스트로부터 재벌과의 유착, 공작정치 등이 보여주듯이 박정희의 유신적 통치에 기반해 있다. 따라서 박근혜게이트는 (최태민으로부터 이어진 '유사샤머니즘'적 '고조선체제'도 작동하고 있지만) 기본적으로 해방 70년사를 상징하는 박정희신화, 박정희체제의 문제이다. 중간수준에는 87년 헌정체제, 특히 제왕적 대통령제와 '불완전한 민주화'가 작동하고 있다. 심층에는 단순한 권력 남용을 넘어서 헬조선, 흙수저 세습제에 대한 대중의 분노가 자리 잡고 있다. 따라서 박근혜게이트와 촛불혁명은 지난 해방 70년사와 민주화 30년, 신자유주의 20년을 비판적으로 돌아보게 만들고 있다.

나아가 박정희신화와 87년 체제, 그리고 97년 체제(정유라의 표현대로, "돈 많은 부모를 만난 것도 실력"인 헬조선)을 넘어설 수 있는 새로운 공화국, 즉 '2017년 체제'를 구상하고 이를 실현하기 위해 노력하도록 만들고 있다. 2017년 체제는 촛불시위에서 한 10대 여성이 눈물로 호소한 대로 "사람을 돈과 이익으로 환산하지 않고, 독립된 존재로 보는 세상, "어쩔 수 없는 경쟁 속에서 남을 밟고 올라서야만 내가 살아남을 수 있는 것이 아니고, 함께 살아가는" 탈신자유주의체제이어야 한다. 그것이 책의 제목이 '촛불혁명과 2017년 체제: 박정희, 87년, 97년 체제를 넘어서'인 이유이다.

'2017년 체제'에 대해 설명이 필요하다. 일각에서는 김대중정부가 들어섰으니 '97년 체제', 2008년에 보수정권이 들어섰으니 '2008년 체제'라고 부르고 있다. 그러나 '체제'는 단순히 '보수정권'처럼 '정권'이란 말을 유식하게 포장한 것이 아니라 체제수준의 근본적인 변화가 있어야 한다. 따라서 2017년 정권교체가 이루어져 흔히 '민주정부'라고 부르는 '자유주의정권'이 집권한다고 자동적으로 2017년 체제가 되는 것은 아니다. 또 개헌을 하더라도 헌정체제는 바뀌지만 헬조선이 그대로라면 사회체제는 97년 체제가 계속되는 것이다. 따라서 우리가 2017년 체제를 갖게 될 것인가, 아닌가는 우리의 실천에, 촛불혁명의 결과에 달려 있다.

이 책은 긴 역사를 갖고 있다. 7-8년 전 87년 체제론이 유행했다. 이에 대해 나는 "97년 신자유주의가 대한민국을 헬조선이라는 전혀 다른 사회로 바뀌었는데 아직도 87년 체제 타령이냐"며 "우리는 97년 체제에 살고 있다"고 비판했고, 논쟁이 이어졌다. 그래서 그 논쟁을 발전시켜 한국체제론을 쓰려고 마음먹고 서강대학교출판부에서 출간하기로 계약까지 했다. 그러나 서강대학교 최초의 교수 출신 총장이 "밖의 민주화 운동만 하지 말고 서강대 민주화도 도와 달라"고 부탁해 사회과학대학장으로부터 대학원장까지 근 5년간 보직을 해야 했다. 학교 행정 일에 매달리다 보니 책을 쓸 여유가 없었고 이 주제에 대한 지적 호기심도 사라져 버렸다. 그러나 박근혜게이트와 촛불은 체제론의 시각에서 한국사회를 다시 보게 만들었다. 이 점에서 이번 촛불혁명이 그러하듯이, 이 책 역시 역설적 의미에서 최순실과 정유라, 그리고 박근혜에 빚지고 있는 셈이다.

이 책은 두 부분으로 구성되어 있다. 1부는 이 책의 핵심인 촛불혁명을 '체제론'적으로 분석한 뒤 촛불혁명을 완성시키고 헬조선을 벗어나기 위해 대안인 2017년 체제를 설명하고 있다. 2부는 이론적 부분으로 체제란 무엇이고 한국사회는 87년 체제인가, 97년 체제인가, 87년 헌법은 어떻게 체제론과 연결되며, 헌법을 바꾸면 체제가 바뀌는 것인가 등을 다루고 있다. 2부가 훨씬 먼저 쓴 것이고 1부를 이해하기 위한 이론적 전제인 셈이다. 그러나 1부를 읽고 2부를 읽는 것이 오히려 이해가 빠를 것이다. 그리고 이론적 부분에 관심이 없는 일반 독자들의 경우 1부만 읽어도 상관이 없고 특히 전문적인 논쟁인 2부 2장의 경우 읽지 않아도 된다.

하나 더 양해를 구한다면, 이 책의 핵심주제인 촛불혁명이 현재 진행형인 사건이라는 점이다. 원고를 끝낸 2017년 1월 말 현 시점에는 헌법재판소의 판결은 나오지 않았고 반기문 전유엔사무총장이 귀국했지만 불출마 선언으로 본격적 정계 개편은 아직 일어나지 않고 있다. 그러나 여러분들이 책을 읽은 때면 상황이 바뀔 수 있다. 정계 개편은 모르지만 탄핵은 끝나있을 것으로 믿는다. 이 책의 핵심주장은 앞으로의 사건 전개로 영향을 받지 않겠지만 이 점을 감안해 읽어주기를 바란다.

이 책은 많은 사람들에게 빚을 지고 있다. 너무도 인간적이었기에 일찍이 세상을 떠난 고 방인혁 박사를 비롯하여 김동택, 김순영, 김원, 김윤철, 김정한, 전재호 박사, 엄관용 박사과정생 등 원래 구상했던 부분체제들의 관련 자료들을 모아주고 토론을 했던 제자들, 이번에 책 집필을 위한 여러 통계들을 모아준 이태규와 김대환 박사과정생과 유한진 조교에게 감사드린다. 오랜 지병을 잘 이겨내고 건강해져 살림에 힘쓰고 있는 아내 상민과 어려운 환경에서 꿋꿋이 자라 이제 헬조선에서 운 좋게 제 벌이를 하고 있는 딸 고은에게 고마움을 표하고 싶다. 자주 독촉은 했지만 몇 년이나 늦어진 책을 인내해주었을 뿐 아니라 시의성을 가진 책을 빨리 만들어준 서강대학교출판부의 우찬제 교수, 이근욱 교수와 실무자들에게 감사드린다. 초고를 읽고 수정할 좋은 지적을 해준 강내희 지식순환협동조합 대안대학학장과 양경규 노동정치연대전 대표, 김세균 선배에게도 고마움을 표한다. 대학 지배구조 민주화를 위해 어렵게 든 촛불이 박근혜게이트의 광풍에 떠밀려 외로운 싸움을 하고 있는 서강의 제자들에게도 이 자리를 빌려 격려와 지지의 마음을 전한다. 촛불은 광화문광장만이 아니라 '우리 옆의 박근혜', '우리속의 최순실'을 바로잡기 위해서 우리 주변에도 필요하다.

그러나 이 책이 진정으로 빚지고 있는 사람들은 따로 있다. 그들은 위대한 촛불혁명을 만들어낸 천오백만 촛불시민들, 그리고 촛불혁명에도 불구하고 불온서적을 판매했다는 이유로 얼마 전 국가보안법으로 구속된 노동자의 책 이진영 대표를 포함하여 우리 사회에서 아직도 시민권을 획득하지 못하고, 아직도 목소리를 갖지 못한 사회적 약자들, 소수자들이다. 그들에게 이 작은 책을 바친다.

2017년 1월

분당에서 손호철

목 차

1부

촛불혁명과 2017년 체제

– 박정희, 87년, 97년 체제를 넘어서

1장

체제론으로 본 '11월시민혁명':
우리는 어디서 왔으며 무엇인가?

1장
체제론으로 본 '11월시민혁명': 우리는 어디서 왔으며 무엇인가?

1. 고갱을 생각하며

"우리는 어디서 왔으며 무엇이며 어디로 가는 것인가?" 잘 알려져 있듯이, 이는 천재화가 폴 고갱이 숨 막히는 문명을 피해 간 타히티 섬에서 말년에 혼신을 다해 남긴 불후의 명작의 제목이다. 인류역사상의 모든 그림 중, 아니 모든 예술품 중 아마도 가장 철학적인 제목의 이 작품은 우리, 그리고 인류에 대해 가장 근원적인 질문을 던지고 있다.

충격적인 박근혜게이트와 이가 촉발한 역사적인 '11월시민혁명'이라는 촛불혁명을 바라보면서 우리는 우리 사회와 정치에 대해 폴 고갱처럼 "우리는 어디서 왔으며 무엇이며 어디로 가는 것인가?"라는 근원적인 질문을 묻고, 또 묻지 않을 수 없다(나는 이번 항쟁에 대해 초기에는 '광화문항쟁'이라고 불렀지만 '11월시민혁명'〈이나 줄여서 '11월혁명'〉이 올바른

용어라고 생각한다. 광화문이 중심지이지만 87년 6월항쟁처럼 전국적 항쟁이라는 점에서 '11월항쟁'이 더 적합한 표현이며 시민들이 단순한 박근혜퇴진을 넘어 헬조선 탈피 등 보다 근본적인 변화를 요구하고 있다는 점에서 단순한 항쟁보다는 '시민혁명'이 더 적합하다고 생각하기 때문이다[1].

그러나 사회현상에 관한 한, "우리는 어디서 왔으며 무엇인가"하는 과거와 현재는 설명할 수 있지만, 미래는 예측불가능하다.[2] 아니 사회과학이 따라가야 할 모델로 간주해온 자연과학에 있어서도 복잡성이론, 카오스이론, 나비효과(아마존 날개짓이 수많은 연쇄효과를 일으켜 결국 미국에 폭풍을 몰고온다는 이론) 등이 보여주듯이 뉴턴적 근대과학을 넘어서 자연현상도 예측은 불가능하다는 입장이 지배적이 되고 있다.[3] 즉 구조적 법칙을 강조하던 추세가 예측할 수 없는 우발적 사건의 중요성을 강조하는 방향으로 나가고 있다. 사실 이번 박근혜게이트처럼 '나비효과'와 사회현상의 우발성을 웅변적으로 보여주는 것은 없다. 자신의 강아지를 제대로 돌보지 않은 고영태에 대한 최순실의 질책이 일련의 연쇄반응을 통해 아무도 예측하지 못한 나비효과를 일으키며 박근혜게이트와 촛불혁명으로 발전했으니 말이다. 따라서 "우리는 어디로

1 단 투쟁이 11월을 넘어 12월로 이어져 '2016년시민혁명'이 더 적합할 수 있으나 2017년에도 이어지고 있다는 점에서 항쟁이 촉발된 11월을 기준으로 해서 '11월시민혁명'이라고 부르는 것이 낫다고 생각한다. 이번 항쟁에 대한 나의 초기의 글은 "광화문항쟁, 이제 무엇을 할 것인가?", 《프레시안》 2016년 11월 16일자. 이밖에도 이 책의 촛불분석은 손호철, 2016과 손호철의 2017a, 2017b, 2017c, 2017d, 2017e를 발전시킨 것이다.

2 이에 대해서는 바스카와 같은 '초월적 실재론(transcendential realism)' 내지 '비판적 실재론(critical realism)'을 참조할 것(Bhaskar, 1979; Collier, 1994).

3 구조를 강조하던 구조적 마르크스주의도 이 같은 흐름에 따라 우발성을 강조하는 '우발성의 유물론', '마주침의 철학'으로 변화했다(Althusser, 2006).

가는 것인가"라는 것은 애당초 잘못된 질문이다.

나아가 미래는 단순히 '예측의 대상'이 아니라 (역사적, 구조적 조건하에서 이기는 하지만) 우리가 만들어가는 것이다. 마르크스의 표현을 빌리자면, "인간이 역사를 만든다. 그러나 항상 자신들이 원하는 식으로 만드는 것은 아니다. 즉 자신이 선택한 상황에서가 아니라 주어진, 물려받은 역사적 조건하에서 그러하다"(Marx, 1979: 103). 따라서 우리의 질문은 "우리는 어디서 왔으며 무엇이며 어디로 가는 것인가?"가 아니라 "우리는 어디서 왔으며 무엇이며 어디로 가야하는가?"이어야 한다. 이 질문 중 "우리는 어디로 가야 하는가" 하는 문제는 다음 장에서 다루고 여기에서는 "우리는 어디서 왔으며 무엇인가" 하는 우리의 역사와 현재를 살필 것이다.

2. 체제론으로 본 11월시민혁명

그동안 주류세력은 대한민국이 "제 2차 세계대전 후 생겨난 신생국 중 경제발전과 민주주의를 동시에 이룬 유일한 나라"라고 자랑하며 한국현대사에 비판적 역사서술을 자학사관이라고 비판해 왔다. 그러나 박근혜게이트는 촛불의 외침처럼 "과연 이게 나라이기나 한 것인가?"를 자문하게 만들고 있다.

"헤겔은 어디에선가 역사적으로 중요한 인물이나 사건은 두 번 반복된다고 쓴 바 있다. 그러나 그는 다음과 같은 것을 덧붙이는 것을 잊어버렸다. 첫 번째는 비극으로, 두 번째는 희극으로". 마르크스의 글

중 가장 많이 인용되는 유명한 구절로(Marx, 1979: 103), 프랑스혁명의 공화국 정신을 짓밟고 황제자리에 오른 나폴레옹이 비극이라면, 이후 혁명과 반혁명의 혼란 속에서 삼촌의 명성 덕으로 권력을 차지한 나폴레옹의 조카 루이 보나파르트는 코미디라고 풍자한 것이다. 그렇다. 근대화라는 이름 아래 민주주의를 짓밟고 영구집권을 노렸던 박정희가 비극이라면 루이 보나파르트처럼 아버지의 명성에 힘입어 대통령에 오른 박근혜는 희극임이 만천하에 드러났다.

그러면 천오백만촛불이라는 유례없는 촛불혁명, 즉 '11월시민혁명'은 왜 일어난 것인가? 그 중요성에도 불구하고 이에 대한 체계적인 연구가 아직 이루어지지고 있지 않다. 따라서 이 책은 처음으로 이를 시도해보고자 한다(전개과정은 '부록: 일지' 참조). 11월시민혁명은 표면적으로 그 원인이 박근혜와 최순실의 국정농단을 중심으로 한 박근혜게이트에 있지만, 이는 피상적인 분석에 불과하다. 이와 관련, 도움이 되는 것은 뛰어난 역사학자 페르난도 브로델의 연구이다. 브로델은 탁월한 역사 분석 방법연구를 통해 사회적 시간을 '단기지속', '중기지속', '장기지속'으로 나누고 이것을 각각 '사건사', '복합국면사', '구조사'로 이론화한 바 있다(Braudel, 1971: 11–42).

한국전쟁은 왜 일어났는가하는 질문에 대해 주류학자들은 "1950년 6월 25일 새벽 북괴군이 갑자기 쳐들어와서"라고 답한다. 이것이 전형적인 사건사적인 인식이다. 그러나 같은 내전이지만 미국의 남북전쟁이 왜 일어났느냐고 물으면, 누구도 "몇 년 몇 월 며칠 누가 먼저 총을 쏴서"라고 답하지 않는다. 대신 노예제를 원인으로 지목한다. 즉 구조사적 시각에서 표피적 사건이 아니라 깊은 곳에 숨어 있는 구조적인 원인을 주목하는 것이다. 또 다른 예를 든다면, 박정희정권이 왜 무너졌느냐를 김재규와 차지철의 갈등과 이에 따른 김재규의 저격(10.26) 때문에 일어났다고 보는 것은 사건사적 시각이지만, 이 같은 갈등을 일으킨 YH여성노동자항쟁과 부마항쟁이라는 민중저항이 원인이라고 보는 것, 더 나아가 이들 항쟁을 일으킨 경제위기가 원인이라고 보는 것은 구조사적 시각이다.

딱 일치하는 것은 아니지만, 이번 촛불혁명에도 비슷한 세 층위가 작동하고 있다.[4] 물론 가장 표층인 '사건사'적인 면에는 박근혜게이트가 있다. 그러나 박근혜게이트 역시 단순히 최순실의 국정농단이라는 측근비리로 치부할 수 없다. 물론 이번 게이트에 최순실의 아버지인 최태민으로부터 이어진 '유사샤머니즘'적 '고조선체제'가 작동하고 있는 것은 부인할 수 없다(박근혜게이트를 보고 한 대학생이 내뱉은 "우리나라가 헬조선인 줄 알았는데 그게 아니라 신정일치의 고조선이었네요"라는 자조적 표현처럼 말이다). 그러나 박근혜는 '박정희신화' 덕으로 대통령에 올랐고 문화계 블랙리스트로부터 재벌과의 유착, 공작정치, 공권력의 사유화 등이 보여주듯이 철저하게 아버지 박정희의 유신적 통치에 기반해 있다. 따라서 박근혜게이트는 기본적으로 해방 70년사를 상징하는 '박정

4 브로델의 세 수준이 촛불혁명의 세 수준과 일치하는 것은 아니다. 우선 박근혜게이트는 사건사적 표층이다. 그러나 그 뿌리를 박정희체제로까지 거슬러 올라가면 장기지속처럼 느껴질 수 있다. 그리고 중수준에 87년 체제가, 심층이 97년 체제가 있다는 분석은 시간의 지속이라는 측면에서는 정반대로 느껴질 것이다. 그러나 여기에서 이야기하는 층위는 '지속성'의 문제가 아니라 원인의 깊이라고 볼 수 있다. 신자유주의는 가장 최근에 생긴 체제이지만 일종의 '토대'이자 가장 깊은 원인, 즉 심인deep cause)으로 작동하고 있다면 유신적 통치방식 등 박정희체제는 박근혜게이트를 일으킨 사건사적 원인이라는 이야기이다.

희신화', '박정희체제'(61년 체제 내지 이의 극한적 표현인 유신의 72년 체제)의 문제이다.

중간수준에는 단순히 박근혜를 넘어서 제왕적 대통령제와 '불완전한 민주화'를 특징으로 하는 87년(헌정) 체제가 작동하고 있다. 이는 박근혜게이트 정도는 아니지만 김영삼, 김대중 대통령 등도 김현철게이트, 김홍업·홍걸게이트 등을 겪어야 했다. 마지막으로 가장 깊은 심층에는 단순한 대통령의 권력남용을 넘어서 97년(신자유주의) 체제로 나타난 헬조선, 흙수저 세습제에 대한 대중의 분노가 자리 잡고 있다. 즉 존재 그 자체가 특혜 그 자체로 박근혜게이트를 가장 상징적으로 보여주는 최순실의 딸 정유라의 조롱처럼 "돈 많은 부모 만난 것도 실력"인, 아니 "돈 많은 부모 만나는 것이 최고의 실력"인 헬조선에 대한 분노이다. 얼마 전 있었던 세계지도자들의 모임인 다보스포럼에서 세계적인 국제구호기구 옥스팜의 총재는 신자유주의에 의한 세계적인 양극화에 우려를 표하며 "한국의 촛불시위는 불평등에 대한 분노가 표출된 경제적 사건"이라고 말했다(《중앙일보》, 2017년 2월 1일자).

따라서 박근혜게이트와 촛불혁명은 지난 해방 70년사와 민주화 30년, 신자유주의 20년을 비판적으로 돌아보게 만들고 있다. 다시 말해, 박근혜게이트와 촛불혁명을 쳐다보면서 우리는 박정희신화(내지 박정희체제)와 87년(헌정) 체제, 헬조선의 97년 체제를 비판적으로 돌아보지 않을 수 없다. 이와 관련, 기이한 것은 박근혜게이트와 '11월시민혁명'이 해방 70년-정부수립 70년을 전후하여, 1987년 민주화와 87년 헌정체제 30주년, 지금의 헬조선의 원인인 1997년 'IMF(국제통화기금) 경제위기'와 시장만능의 신자유주의 전면화('97년 체제') 20주년을 맞아 일어났다는 사실이다. 우연치고는 기이한 우연이다.

본론으로 들어가기 전에 한 가지만 간단히 짚고 넘어가고자 한다. 그것은 여기서 이야기하는 박정희 체제, 87년 체제, 97년 체제 간의 관계이다. 뒤의 2부에서 자세히 설명하겠지만 우리 사회를 총체적으로 규정하는 사회체계(social system)는 크게 보아 네 개의 체제를 거쳐 왔다고 볼 수 있다. 48년 해방과 함께 좌우이념 대립 속에서 이승만을 비롯한 극우세력이 만든 48년 체제라는 '극우반공체제'이다. 그 다음은 한국현대사의 기본틀을 규정한 박정희의 61년 체제이다. 이 체제 역시 극우반공체제였지만 과거와 달리 경제발전을 위한 '발전국가'라는 측면이 더해졌다. 한마디로 일종의 개발독재체제로서 경제개발 5개년계획 같은 국가주도형 경제와 정치적 독재라는 두 축으로 움직여 왔다. 이 체제는 시간이 흐르면서 정치적 억압이 더욱 강화되어 그 하위체제이자 변형인 72년 체제(유신체제)로 변화하기도 하지만 87년까지 지속된다.

87년 민주화는 박정희모델이라는 61년 체제의 두 축 중의 하나인 정치적 독재를 해체해 '불완전한 민주화'(제한적 정치적 민주주의)로 바꾸어 놓았다. 그러나 국가주도형 경제라는 틀은 약화되지만 유지된다. 또 한 번의 변화는 97년 IMF 경제위기이다. 경제위기와 함께 61년 체제의 남은 반쪽인 국가주도형 경제가 해체되어 미국식의 시장만능의 신자유주의로 대체됐다. 그것이 현재 우리 사회를 규정하고 있는 97년 체제이다. 그리고 그 결과가 비정규직의 일상화, 청년실업, 스펙전쟁 등 헬조선이다.

일각에서는 아직도 우리 사회가 87년 체제라는 87년 체제론을 주장하고 있다. 그러나 이는 97년 이후의 변화를 보지 못하는 '색맹 사회과학'이다. 청년실업 등 헬조선이 87년 체제와 무슨 상관이 있는가? 이는 87년 체제가 아니라 97년 체제의 결과이다. 다시 말하지만, 우리는 이제 87년 체제가 아니라 97년 체제 속에서 살고 있다. 그러면 87년 체제는 현재의 우리 사회와 무관한 것인가? 그렇지는 않다. 87년 헌법은 아직도 우리를 지배하고 있고 87년 이루어진 '불완전한 정치민주화'도 아직 한국 정치의 기본 틀이다. 즉 87년 헌법과 87년 정치체제라는 87년 헌정체제는 한국 사회의 총체적인 규정인 97년 체제 밑의 '부분체제' 내지 '하위체제'로서 아직도 유효하다. 다시 말해, 현재 한국 사회를 지배하는 것은 97년(신자유주의) 체제이며 이 체제는 97년 만들어진 신자유주의 경제체제와 87년 만들어진 87년 헌정체제로 구성되어 있다고 볼 수 있다.

이 같은 주장에 생길 수 있는 질문은 박정희체제는 87년 민주화와 97년 신자유주의의 전면화에 의해 해체되어 사라졌다면서 왜 박근혜게이트에 박정희체제가 관련되어 있다고 이야기하느냐는 것이다. 맞다. 우리 사회를 규정하는 사회체제로서 박정희체제, 유신체제는 이미 더 이상 존재하지 않는다. 그러나 박근혜의 유신적인 통치스타일이 보여주듯이 완전히 사라지고 않고 그 일부분은 유제로 남아있다고 할 수 있다.

3. 해방 70년사와 박정희신화

앞에서 지적했듯이 11월시민혁명의 배경인 우리는 "어디서 왔으며 무엇인가"를 이해하기 위해서는 해방 이후에서 현재에 이르는 지난 70년의 역사를 박정희신화를 중심으로 살펴보아야 한다. 한국현대사에 대해서는 현대사에 대해 비판적인 시각을 '자학사관'이라고 비판하는 뉴라이트 같은 입장(이영훈, 2007)[5]과 이를 미래로 나가는 데에 도움이 되는 자성이 없는 '자만사관'이라고 비판하는 시각이 부딪치고 있다. 전자의 경우 특히 전후 생겨난 신생국이 우리가 유일하게 '경제발전'과 (정치적)'민주주의'를 둘 다 이룬 나라라는 점을 강조하고 있다. 이를 체계적으로 살펴보면 다음과 같다.[6]

표 1. 신생국들의 경제발전과 민주주의

	경제발전 순위 (1인당 국민소득 달러)	(정치적) 민주주의	
		정치자유 + 시민권리	언론자유
카타르	3 (76,220)	5.5	부자유
싱가포르	7 (52,745)	4	부분자유
홍콩	17 (42,697)	3.5	부분자유
아랍에미레이트	23 (35,392)	5.5	부자유
쿠웨이트	26 (29,983)	5	부분자유
한국	28 (27,195)	2	부분자유
대만	32 (22,083)	1.5	자유
북한	138 (1,800)	6	부자유

** 경제통계는 2015년 기준으로 IMF 2016년 4월자료임(http//goo./69RzB8). 정치적 민주주의는 프리덤하우스(www.freedomhouse.org)의 평가로서 1–6등급 중 낮을수록 좋은 것이다.

5 이들은 한국을 근대화시킨 것은 일본이고 유신 역시 김대중후보가 71년 대선에서 내건 포퓰리즘적인 대중경제론으로 박정희가 추진해온 '국가혁신체제'가 위협을 받아 불가피했던 것으로 "90%가 넘는 찬성표가 보듯 시대정신에 따른 국민적 동의가 있었다"는 극단적 주장도 서슴치 않고 있다 ("이영훈 교수의 10월유신분석", 《주간조선》, 2017년 1월 6일)

6 물론 경제발전을 1인당 국민소득과 양적 지표로 측정하는 것은 문제가 많다. 그러나 다른 지표와 자료를 찾기 어렵기 때문에 그 같은 한계를 전제로 1인당 국민소득을 지표로 삼고자 한다.

위의 표가 보여주듯이 전후 신생국 중 경제발전과 정치적 민주주의를 동시에 이룬 나라는 우리가 유일하지는 않고 우리와 대만 정도이다. 양적 경제발전은 대만(32위)에 비해 우리가 앞서지만(28위) 정치적 민주주의는 대만이 앞서 있다. 카타르 같은 산유국들, 그리고 홍콩과 싱가포르는 우리보다 더 높은 경제성장을 이루었지만 민주주의에서 크게 낙후되어 있다. 그러나 우리가 대만과 함께 "전후 신생국 중 경제발전과 정치적 민주주의를 동시에 이룬 나라"라는 자부심은 현실의 절반만을 보여주고 있는 것이다. 왜냐하면 이 같은 경제성장은 질적인 면에서 많은 어둠을 안고 있기 때문이다.

우리의 연간 노동시간은 2000년대 들어 16년간 평균 연 2083시간으로 경제협력개발기구(OECD)국가 중 1위를 차지했다. 산업재해도 2000년대 들어 연평균 2422명으로 산재사망률이 세계 1위를 차지하고 있다. 사회적 양극화도 문제이다. 소득 상위 1%가 전체 소득의 16.6%를 차지해 OECD국가 중 미국 다음으로 양극화가 심각하다. 자살률 세계 1위에, 출산율 세계 최저, 노인 빈곤율 최하위수준, 노인소득보장 80위, 삶의 만족도, 어린이 청소년 행복지수 3년 연속 OECD 최하위, 사회복지지출 최하위수준, 노동지표 최하위 5등급 등 어둠의 지표들은 끝이 없다. 결국 우리의 과거와 현재는 이 같은 빛과 그림자의 '균형 있는 평가'에 기초해 이루어져야 할 것이다.

다만 학자의 주요기능인 사회의 '조기경보장치'를 제대로 수행하기 위해서는 우리는 빛보다는 그림자에 눈을 돌려야 한다. 학자들이 이를 외면하고 현실미화에 급급할 때 어떤 결과가 일어나는가는 1997년 IMF 경제위기가 잘 보여주고 있다. 즉 "1995년 해방 50년을 맞아 지나간 왜곡과 문제점을 냉철하게 비판하고 그것을 토대로 자기개혁의 마음을 다진 것이 아니라 이미 밑으로부터 외채가 눈덩이처럼 불어나고 파국으로 달려가고 있음에도" 한반도의 역사는 우리의 최종승리로 해피엔딩으로 끝났다는 '한국판 역사의 종말론'에 기초해 역사의 '사후적 미화'에 혈안이 되어 한국의 주류 지식인들은 다가오는 위기에 대한 경고기능을 방기하고 말았다(손호철, 1999: 40–41). 사실 박근혜게이트의 비극도 현 정권의 문제에 눈을 감고 '박비어천가' 부르기에 바빴던 주류 언론과 일부 학자들의 책임이 크다.

두 번째로 짚어볼 문제는 '박정희신화', 특히 "한국의 경제발전, 한강의 기적은 박정희 때문"이라는 신화이다. 박근혜게이트는 박정희유산의 핵심인 이에 대해서도 본격적인 재검토를 요구하고 있다. 한국은 신생국 중 거의 유일하게 경제발전과 민주주의를 이룬 나라라는 주장 중 민주주의 부분은 박정희와는 무관하다. 박정희는 민주주의를 탄압했지 발전시키지는 않았다.[7] 문제는 경제발전이다. 이와 관련해, 뉴라이트와 보수세력은 크게 보아 다음과 같은 생각을 갖고 있다(손호철, 1995: 152–153). 합리적 보수는 1, 2번만을, 그렇지 않은 극단론자들은 1, 2, 3, 4번을 다 신봉할 것이다.

---

7 김종필의 경우 박정희가 이룬 경제발전 덕으로 우리가 민주주의를 이루었고 따라서 민주화의 일등공신은 김대중, 김영삼이 아니라 박정희라는 기이한 주장을 하고 있다. 이는 통계적으로 분석해 본 결과, 잘사는 나라들이 민주주의이고 가난한 나라들이 독재로 나타나 경제발전을 하면 민주주의가 된다고 주장했던 립셋의 근대화론(Lipset, 1959)을 반복하는 것이다. 그러나 이는 제 3세계 중 가장 발달된 브라질, 아르헨티나, 한국, 대만 중에서 가장 강력한 독재체제가 나오면서 파산당한 바 있다(O'Donnell, 1971). 물론 80년대 제 3의 민주화물결 이후 이를 되살린 '신근대화론'이 등장했지만 전형적인 '사후결과론적 설명'으로 설득력을 갖지 못하고 있다.

1. 한국 경제의 고도성장은 박정희의 개발독재의 결과이다.
2. 이 같은 개발독재는 그 부작용에도 불구하고 바람직한 최선의 선택이었다.
3. 현재도 박정희식의 개발독재모델은 침체된 한국 경제에 또 다시 고도성장을 가져다 줄 것이다.
4. 현 시점에서도 개발독재의 재도입은 바람직하다.

이 중 3과 4는 변화한 세계의 경제환경, 우리 사회의 변화 등을 생각할 때 말도 되지 않는 이야기이다. 2번도 매우 논쟁적이고 개인적으로 동의하지 않는 주장이다. 특히 이번 박근혜게이트의 문제들은 모두 2번과 같은 사고에서 생겨난 것이다. 이와 관련, 박정희체제가 우리 사회에 남긴 가장 큰 병폐는 "수단과 과정이야 어찌 되었든 결과만 좋으면 그만"이라는 성과제일주의이다. 이 같은 사고는 우리 사회 곳곳에 침투해 아직도 우리 사회의 발목을 잡고 있다. 그러나 결국 문제는 1번이다. 이 1, 2번과 관련해 주목할 것은 스탈린주의의 실험이다. 이 문제는 일단 아래에서 논의하기로 하고 일단 첫 번째 문제, 즉 "한강의 기적은 박정희 때문인가"를 살펴보고자 한다.

이에 대한 체계적인 평가를 위해서는 위의 신생국 중 경제발전을 이룬 나라들을 살펴볼 필요가 있다. 경제발전과 민주주의를 동시에 이룬 한국과 대만 이외에 민주주의는 문제가 있지만 경제발전을 이룬 나라들이 있다. 이 중 중동의 산유국들을 제외하면 싱가포르(7위)와 홍콩(17위)이 남는다. 주목할 것은 이들 네 나라(한국, 대만, 홍콩, 싱가포르)가 1990년 후반 일어난 동아시아 경제위기 이전에는 세계의 제 3세계들이

배워야 할 경제발전의 모범사례로 많은 연구가 이루어진 나라들이라는 점이다. 그러면 '동아시아의 네 마리 용', '동아시아의 네 마리 작은 호랑이'라고 불리며 주목을 받았던 이들 나라들의 공통점은 무엇인가? 다시 말해, 이들이 다른 제 3세계국가들과 달리 경제성장에 성공한 이유는 무엇일까?

우리의 주제와 관련해, 이들 나라들은 박정희와 같은 강력한 독재자가 나서서 국가주도형 산업화를 했기 때문에 발전한 것인가? 한국, 대만, 싱가포르를 보면 맞는 것 같이 보인다. 그러나 홍콩을 보면 아니다. 중국 반환 전의 홍콩은 영국의 지배 아래 개방적 시장경제와 민주주의를 구가하고 있었지만 고도성장을 이루었다. 결국 주류이론이 찾아낸 것은 유교였다. 동아시아국가들이 교육의 중시 등 유교의 영향으로 고도성장을 이루었다는 주장이다(Tu, 1991).

보수적 사회학의 거두 막스 베버가 왜 하필 자본주의가 유럽에서 발전했는가를 분석하면서 중국은 상업과 공업을 경시하고 농업을 중시하는 유교 때문에 자본주의가 발전하지 못했다고 설명한 바 있다(Weber, 1958). 이로부터 한 세기가 못돼서 정반대의 주장이 등장한 것이다. 그러나 이처럼 '코에 걸면 코걸이, 귀에 걸면 귀걸이'식의 설명은 문제가 많다. 예를 들어 유교적이지 않은 일본이 동아시아에서 제일 먼저 발전했다. 한국의 경제발전에 대한 가장 체계적인 연구결과에 의하면 한국의 성공한 사업가 중 가장 많은 것이 반물질적인 불교신자인데(Jones & Sakong, 1980: 303) 왜 유교가 아닌 불교신자에서 성공한 사업가가 많은지를 설명해 주지 못하고 있다.

개발독재도, 유교도 아니라면 이들을 경제발전으로 이끈 공통점은 무엇일까? 그것은 두 가지이다. 우선 농지개혁이다. 아니 지주계급의 몰락 내지 부재이다. 싱가포르와 홍콩은 농업지주들이 없는 도시국가이기 때문에 지주계급이 부재했고, 한국과 대만은 제 3세계 중 유일하게 일찍이 농지개혁에 성공한 나라들이다. 이와 관련, 주목할 것은 왜 하필 유럽 내에서 영국에서 자본주의가 발전했는가에 대한 브레너의 선구적인 연구이다(Aston et al. 1987). 산업화와 자본주의적 발전은 그 사회의 '계급구조에 의해 구조화되는 이윤기회'에 의해 좌우된다는 주장이다.

이를 제 3세계에 적용할 경우 경제발전은 산업화를 통해 이루어지며 이를 위해서는 산업자본가계급이 주도권을 가져야 하는데, 이에 대한 가장 큰 장애는 선진국과 결탁한 지주계급이다. 오랫동안 식민지를 설명해온 이론인 식민지반봉건사회론이 잘 보여주고 있듯이(김용석 편, 1986), 식민지나 신생국은 선진국에 농산물을 수출하고 선진국으로부터 싼 공산품을 수입하는 관계로서 이 나라의 지주들은 제국주의세력과 마찬가지로 자국의 산업화를 바라지 않는다(물론 이 같은 현상은 1990년대 이후 선진국의 자본들이 과거처럼 자국에서 공산품을 생산해 수출하는 것이 아니라 싼 노동력으로 찾아 제 3 세계로 공장을 옮겨 '생산의 세계화'를 추진하면서 변화했다).

그러나 싱가포르와 홍콩은 원래 지주가 부재했고, 한국과 대만은 성공적인 농지개혁으로 지주계급을 분쇄함으로써 그 같은 장애가 사라진 것이다. 그 결과로 다른 신생국들과 달리 산업자본가들이 주도권을 가질 수 있었고 그 결과가 산업화이다(Hamilton, 1983과 1986). 이는 노태우정부가 추진했던 혁명적인 토지공개념정책이 잘 보여주고 있다.

토지공개념위원회에 따르면 1974년에서 1987년까지 같은 돈을 토지와 기업에 투자할 경우 토지 투자가 6배의 이익이 나는 것으로 집계됐다(손호철, 1991: 256–257). 이 같은 추세가 계속 될 경우 자본이 부동산투기 등에 모이고 생산적 투자는 고사되어 산업발전이 중단될 것이라는 우려에서 보수적인 노태우정권이 역대 경제정책 중 가장 진보적인 토지공개념정책을 추진한 것이다. 농지개혁도 비슷한 것이다. 이 점에서 한국의 경제발전을 가능하게 한 것은 박정희가 아니라 농지개혁을 강제했던 해방정국의 농민투쟁이었다.

농지개혁 이외에 한국 등 동아시아 4개국의 경제발전을 가능하게 한 것은 무엇인가? 그것은 냉전이다. 주목할 것은 이들 경제발전 성공국들이 냉전의 첨단지대인 동아시아에 모여 있다는 점이다. 특히 한국과 대만, 나아가 일본이 그러하다. 즉 미국은 "소련, 중국과 대치하고 있는 동아시아가 미국의 헤게모니에 도전할 정도의 자율적 성장을 허용하지 않으면서 공산주의에 저항할 정도의 강한 경제를 갖는 것이 필요하여" 라틴아메리카 등과 달리 동아시아에게는 자율적 발전을 허용했고 그 때문에 다른 지역과 달리 동아시아는 고도성장이 가능했던 것이다(손호철, 1999: 56; 윤소영, 1999). 이 점에 주목하여 세계적인 한국전문가인 브루스 커밍스는 97년 IMF 경제위기의 원인을 소련 동구의 몰락과 탈냉전에서 찾고 있다(Cumings, 1998). 탈냉전으로 더 이상 동아시아의 자율적 발전을 용인할 필요성이 없어져 한국의 경제위기 사태가 발생했다는 주장이다.

이는 1979년과 1997년 한국의 경제위기 당시 보여준 미국의 전혀 다른 대응을 비교해 보면 쉽게 알 수 있다. 박정희 말기인 1979년 한국

경제는 중화학공업에 대한 과잉중복투자라는 내적 위기와 제 2차 오일쇼크라는 외적 위기가 중첩되어 부도위기에 처했다. 그러나 미국은 냉전 상황에서 동서대결의 쇼 케이스인 한국을 부도낼 수 없기에 '한국 신자유주의의 효시'이기는 하지만 긴축 등 비교적 '부드러운' 경제안정화정책 수행을 조건으로 해서 IMF 구제금융을 지원했다(손호철, 2006: 166-167). 그러나 1997년 IMF 경제위기의 경우 냉전이 끝났기 때문에 '월스트리트와 미 상무성, 그리고 IMF의 삼각동맹'은 혹독한 프로그램으로 한국 경제에 대한 확실한 장악을 시도했다(이 삼각동맹에 대해서는 Wade et al., 1998).

냉전과 밀접한 관련이 있으면서 네 나라 중 한국과 대만에만 해당되는 것으로 분단이다. 우선 이 두 나라의 경제성장을 가능하게 만든 농지개혁이 분단과 관련이 있다. 한국과 대만은 분단상황 속에서 북한과 중국이 혁명적인 농지개혁을 한 만큼 이에 상응하는 농지개혁을 하지 않을 경우 농민의 급진화가 우려되어 농지개혁을 할 수밖에 없었다. 나아가 분단에 따라 한국과 대만은 자본주의와 사회주의 간의 경쟁의 쇼 케이스가 된 만큼 미국으로부터 다른 나라들에 비교할 수 없을 정도의 특혜를 받았다. 예를 들어, 한국은 1950년대 인구 당 제 3세계 평균에 비해 약 10배의 지원을 받았다(Sonn, 1987: 214). 국내적으로도 분단은 북한과의 체제경쟁 논리를 통해 고성장의 동력으로 작동했다.

한국의 경제성장을 이해하기 위해서는 '박정희신화' 이전에 이 같은 구조적 조건들을 먼저 생각해야 한다. 사실 "50년대는 경제적 정체이고 한국의 경제발전은 박정희와 함께 시작됐다"는 통설은 신화에 불과하다. 물론 이승만정권의 말기인 50년대 말 미국의 원조물자인 목화,

사탕수수, 밀을 가공하기 위한 방직, 제당, 제분이라는 '3백 산업'을 중심으로 한 수업대체산업화의 쉬운 단계가 소진되고 원조가 줄자 경제가 심각하게 침체된 것은 사실이다. 이는 박정희정권 말기도 마찬가지였다. 단순비교는 문제가 많지만, 국제비교의 시각에서 보면 이승만 때가 박정희 때보다 빠르게 산업화가 됐다. 즉 박정희 때는 제조업이 제 3세계 평균에 비해 3.07배 빠르게 성장했다면 50년대는 이보다도 더 빠른 3.36배 빠르게 성장했다(Sonn, 1987: 223). 그래서 50년대가 박정희 때보다 더 빠르게 성장했다는 것은 아니지만 최소한 50년대는 정체이고 고도성장은 박정희가 시작했다는 것이 사실이 아니라는 이야기이다.

표 2. 제조업 성장률 비교

	이승만 시기 (1950~60)	박정희 시기 (1961~79)
제 3세계 평균(A)	5.0%	6.6%
한국(B)	16.8%	20.3%
B/A	3.36	3.07
외적 지원(연평균)	2억 6500만 달러(원조)	10억 5100만 달러(차관)

** World Bank, *World Tables*. 1983. Third Edtion에서 계산

이 같은 것들을 대전제로 해서 박정희신화를 평가해야 한다. 이 같은 대전제 아래서 우리의 경제발전은 박정희 '때문'인가, 아니면 박정희에도 '불구하고' 우리는 경제발전을 이룬 것인가? 주목할 것은 노벨경제학상수상자인 크루그만이다. 그는 모두가 '동아시아의 경제기적'에 도취되어 있을 때 동아시아모델이 국가주도로 단시간에 노동과 자본 같은 생산요소를 최대한 투입하여 고도성장을 이루었다는 점에서 "스

탈린주의의 쌍둥이"라고 할 수 있지만 이 같은 방식으로는 지속적인 성장이 어렵다는 점에서 '신화'라고 비판한 바 있다(Krugman, 1994). 나역시 비슷한 비판을 한 바 있는데(손호철, 1995: 153-55), 박정희모델은 스탈린주의모델을 모방한 것으로서 고도성장은 초기의 외연적 산업화 단계에서 강압적인 총량투입주의에 의해 일시적으로 이루어진 것에 불과하다는 것이다. 이 같은 방식으로는 고도성장이 지속가능하지 않고 특히 내포적 산업화단계에서는 한계를 가질 수밖에 없다. 이 점에서 박정희모델을 지지하는 것은 사실상 스탈린모델을 지지하는 것에 다름 아니다.

> 러시아는 소위 사회주의 혁명을 성공하였으나 낙후한 생산력을 단시간에 발전시키고 자본주의의 포위 속에서 이들과의 생산력 경쟁에서 살아남아야 하는 '사명'을 갖고 있었다고 할 수 있다. 결국 이는 '생산력제일주의'로 귀결될 수밖에 없었고 그 결과 (중략) 농민들의 강제적인 집단농장화와 농촌의 수탈에 의한 공업화 자원 마련, 병영적 노동통제 등 스탈린주의로 구체화되었다. 그 결과 러시아는 최신의 나치의 군사력에 대항해 근대적 무기를 양산하여 나치스와의 '조국전쟁'에서 승리했고 외연적 산업화 단계가 소진한 50년대까지는 놀라운 경제성장 속도를 기록하며 세계 최초의 우주선 발사에 성공하는 등 후진국 러시아를 세계 제 2위의 초강대국 반열에 올려놓을 수 있었다. 결국 개발독재론을 신봉하는 국내의 극우적 언론과 이론가들은 일종의 '사회주의적 개발독재 모형'이라고 할 수 있는 스탈린주의를 정당한 것으로 승인하고 이를 지지해야 한다(손호철, 1995: 154).

마지막으로 1997년 IMF 경제위기 후 나타난 박정희향수와 관련해 하나 더 짚고 넘어갈 필요가 있다. 그것은 박정희가 말기에는 경제운영에 실패했고 사실 그 결과로 죽었다는 사실이다(손호철, 2006: 166-168). 위에서 간단히 언급했듯이 박정희 말기 한국 경제는 중화학공업에 대한 과잉중복투자와 제 2차 오일쇼크로 부도위기를 맞았다. 이 점에서 79년 상황은 삼성자동차, 한보철강 등 주요 중공업에의 과잉중복투자가 동남아 외환위기라는 대외적 위기와 중첩됐던 1997년 상황과 매우 유사하다. 그럼에도 불구하고 97년 같은 파국을 경험하지 않은 것은 냉전으로 미국이 한국경제의 파국을 바라지 않아 부드러운 구조조정안을 강제했기 때문이다. 그러나 이 같이 부드러운 구조조정안조차도 기업들의 연쇄부도를 일으켰다. 경제위기는 YH 여자노동자항쟁과 부마항쟁을 야기했고 이들 항쟁은 결국 강경파와 온건파의 갈등을 격화시켜 박정희의 죽음으로 이어졌다(손호철, 2006: 191-208). 따라서 박정희를 '경제성공의 리더'로 추앙하는 것은 전혀 사실과 맞지 않는다. 경제 실패로 민중항쟁이 일어나고 그 결과로 죽음을 당한 지도자가 어떻게 경제성공의 리더인가?

하나 더 있다. 1997년 IMF 경제위기의 결과로 박정희향수가 일어났지만 사실은 97년 경제위기의 중요한 원인 중 하나는 박정희모델이다. 따라서 경제위기와 함께 나타난 박정희향수는 "위기 때문에 위기의 원인제공자를 추앙하는, 비극적이다 못해, 희극적인 코미디 같은 현상"이다. 물론 경제위기를 단순히 관치경제, 즉 박정희식의 국가주도형 경제의 탓으로 돌리고 시장경제라는 이름 아래 시장만능의 신자유주의를 처방으로 제시한 IMF와 김대중정부는 잘못된 것이다(이는 이후 IMF 스스로 인정해야 했다).

이 같은 시각은 경제위기를 초래한 세계체제적 요인에 눈을 감고 있으며 김영삼정부가 이미 세계화라는 이름 아래 신자유주의적 금융세계화를 강력하게 추진했고 이 같은 신자유주의와 실력이 뒷받침하지 않은 개방과 규제완화가 경제위기의 또 다른 원인이라는 점을 보지 못하고 있다[8](위기의 원인에 대한 체계적 분석은 손호철, 1999: 24-34). 그러나 낡은 박정희모델이 위기의 구조적 원인이라는 점은 부인할 수 없다. 1997년 IMF 경제위기는 단순히 박정희모델의 결과도, 신자유주의적 개방의 결과도 아니고 두 모델이 장점이 아니라 나쁜 점만 모아 놓은 '최악의 조합'이라는 97년의 상황이 가져온 결과이다(손호철, 1999: 171-172).

박정희향수가 강하게 살아났던 2000년대 초 한 학술대회에 참여한 바 있다. 한국의 진보역사학계를 대표하며 몇 안 되는 현대한국사 전문가인 한 선배 역사학자가 "현대사는 역사학자들이 아니라 정치학자들이 주로 연구하는데 정치학자들이 공부를 안 해 박정희의 만행에 대한 제대로 된 연구업적을 못 내서 박정희향수가 살아난 것"이라며 정치학자들을 야단을 쳤다. 이 말을 듣고 내로라하는 역사학자가 박정희향수가 박정희정권의 실상에 대한 제대로 된 연구가 없어 생겨났다고 생각하는 '관념론'에 빠져 있다는 사실에 충격을 받았다. 그래서 "선배가 조만간 박정희를 연구한 제대로 된 책을 낼 것이니 곧 박정희향수도 없어지겠네요"라고 답해줬다.

---

8 신자유주의가 위기의 원인이라는 탁월한 분석은 Jeong, 2004.

이 책은 박정희신화에 대해 상당한 지면을 할애해 긴 비판을 시도했다. 이 같은 비판이 대중화된다면 박정희신화는 사라질 것인가? 나는 누구처럼 박정희향수가 박정희의 실상에 대한 제대로 된 비판적 연구가 없어서 생긴 것이라고 생각하지 않기 때문에, 박정희신화가 쉽게 사라지지 않을 것이라고 생각한다. 왜냐하면 박정희향수는 단순한 '이데올로기 현상'이 아니라 그 '물적 기반'이 있기 때문이다. 그 기반은 박정희 이전과 이후에 대해 사람들이 직접 느낀 '삶의 체험'이다. 즉 굶주림에 고통 받던 보릿고개와 이후 경제성장에 따라 나아진 생활에 대한 체험이다. 특히 보릿고개를 경험한 나이 많은 연령 층에게 "박정희 이전과 이후가 달라진 것은 박정희 덕이 아니라 농지개혁과 냉전 덕"이라는 등 이야기하는 것이 얼마나 효과가 있을까? 그럼에도 불구하고 이를 한 번쯤 생각해 보게 만드는 것이 어느 정도는 도움이 되리라고 믿는다. 인간의 인식은 '(자신의) 체험+(이에 부여하는) 의미'의 결과인 바, 이 '의미' 부분에 영향을 주기를 기대해 본다.

삶의 체험 이외에 박정희향수의 또 다른 물적 기반이 있다. 그것은 아래에서 자세히 살펴보겠지만 97년 흔히 우리가 '민주정부'라고 부르는 자유주의정권이 들어선 이후 경험한 유례없는 양극화 등 서민들의 고통이다. 만일 김대중, 노무현정부 들어 빈부격차가 어느 정도 해소되고 서민들이 과거에 비해 잘 살게 됐다면 박정희향수는 일어나지 않았을 것이다. 그러나 그렇지 못했다. 김대중, 노무현정부하에게 서민들이 겪은 민생의 고통이 죽은 박정희를 불러낸 것이다.

4. 87년 헌정체제와 97년 체제

이제 주제를 좁혀 우리는 어디서 왔으며 무엇인가를 민주화 30년, IMF 20년에 맞추어 간단히 살펴보고자 한다. 다시 말해, 촛불혁명의 1) 중간수준의 배경으로서 지난 30년의 87년 헌정체제, 2) 그리고 가장 깊은 곳의 심층배경으로서 지난 20년의 97년 체제를 분석해 보고자 한다. 특히 지난 30년과 20년을 정치와 경제, 나아가 일상성을 중심으로 살펴보기 위해 정치적 민주주의, 경제민주주의, 일상성의 민주주의라는 측면에서 간단히 짚고 가고자 한다(이들 민주주의에 대해서는 손호철, 2011: 84-86 참조).

가. 87년 헌정체제

우선 87년 헌정체제와 밀접한 관련이 있는 정치적 민주주의는 어떠한가? 이번 사태는 견제 받지 않는 절대권력으로서의 제왕적 대통령제, 대통령의 사당에 불과한 '내시정당', 21세기의 한국사회를 40여 년의 유신시대로 돌려놓은 문화계 블랙리스트로 상징되는 '불완전한 정치적 민주주의' 등과 밀접한 관련이 있다.

우리의 정치적 민주주의는 지난 30년간 많이 발전했지만, 진정한 의미의 정치적 민주주의, 진정한 의미의 자유민주주의와는 거리가 멀다. 아직도 국가보안법이 엄연히 존재해 우리의 사상의 자유를 제약하고 있다. 1980년대 세계적인 민주화의 물결 이후 세계정치학자들이 집단작업을 통해 만든 국제기준에 따르면, 우리는 아직도 국가보안법 때문에 정치적 민주주의가 아니라 특정한 이념과 정당을 금지하고 있는 '제한적 정치적 민주주의(limited political democracy)'에 머물고 있다(O'Donnell and Schmitter, 1986: 9). 구체적으로, 정치적 민주주의가 가장 발달했던 노무현정부 시절에도 제한적 정치적 민주주의 수준 이상으로 나가지 못했고 그나마 이명박, 박근혜정부를 거치며 오히려 후퇴하고 있다.

이를 잘 보여주는 것이 보수적 연구기관이지만 세계 각국의 정치적 민주주의를 체계적으로 추적해온 프리덤 하우스의 분석자료이다. 프리덤 하우스의 분석에 따르면 우리의 정치적 민주주의의 핵심 두 축인 정치적 자유와 시민권리는 군사독재시절의 5~6등급에서 꾸준히 개선되어 87년 이후 둘 다 2등급으로 향상됐다(표 3 참조). 이 같은 2등급은 김영삼, 김대중, 노무현정부까지 유지되다가 노무현정부 2년차인 2004년 들어서 정치적 자유가 1등급으로 상승했다.

『참여정부 국정운영백서』는 자기들이 집권한 2003년부터 1등급이 됐다고 자랑하고 있지만 사실이 아니다. 2003년이 아니라 2004년 1등으로 올랐으며 2004년 등급이 1등급으로 오른 것도 2004년 총선에서 탄핵파동 덕으로 자유주의정당인 열린우리당이 과반수의석을 차지해 사실상 5.16군사쿠데타 이후 처음으로 의회권력의 변화가 일어났기 때문이라고 프리덤 하우스는 밝히고 있다. 그러나 시민권리는 사상의 자유를 제약하는 국가보안법 때문에 대만보다 낮은 2단계에 계속 머물러야 했다. 게다가 이 같은 정치적 민주주의는 보수정권이 들어서면서 다시 후퇴하기 시작해 박근혜 정부 들어서는 정치적 자유마저 다시 2등급으로 추락하고 말았다.

표 3. 한국의 정치적 민주주의 역사적 추세

	전두환		노태우 김영삼 김대중 노무현 (1)	노무현(2), 이명박근혜	박근혜
	1980	1987	1988–2003	2004–2013	2014–16
정치적 자유	5	4	2	1	2
시민 권리	6	4	2	2	2
평균	5.5	4	2	1.5	2

출처: www.freedomhouse.org. 1등급부터 6등급까지 있으며 1등급이 제일 좋은 것이다.

정치적 민주주의의 또 다른 구성요소인 언론의 자유, 인터넷 자유는 더욱 심각하다. 언론의 자유는 김대중, 노무현정부 시절 줄곧 '자유로운' 것으로 평가되어 왔으나 이명박정부 시절인 2011년 '부분적으로 자유로운(partly free)' 것으로, 다시 말해 반쪽만 자유로운 것으로 추락하여 현재도 그 수준에 머물러 있다. 이 문제에 대한 또 다른 권위 있는 평가기관인 국경없는 기자회(RSF)의 평가는 보다 구체적이다. 한국의 언론의 자유는 김대중정부 말 세계 39위를 기록했다가 노무현정부들어 보수언론과 갈등을 빚으며 49위까지 떨어졌지만 다시 31위로 상승했다. 그러나 이명박정부 들어 떨어지기 시작해 2016년 현재 70위로 추락했다.

인터넷 자유는 더욱 심각하다. 미네르바 구속, 사이버 모독죄 등으로 인터넷 자유는 이명박정부 들어 2009년 북한이 속한 '인터넷 적국' 다음 단계인 '인터넷 감시국'으로 지정된 뒤 아직도 그 단계에 머물고 있다. 즉 우리의 인터넷 자유는 스리랑카, 터키, 아랍에미리트 수준에 머물러 있다.

이 모든 숫자들보다 '십상시'라는 박근혜 측근들 보도에 대한 세계일보에 대한 탄압과 각계 인사들에 대한 블랙리스트 작성과 탄압 등은 우리의 정치적 민주주의가 얼마나 아직도 갈 길이 먼가를 웅변적으로 보여주고 있다.

정치적 민주주의에서 살펴보아야 할 또 다른 측면은 제왕적 대통령제이다. 민주화 30년이 흘렀지만 제왕적 대통령은 여전하다. 박근혜게이트는 견제 받지 않는 권력으로서의 제왕적 대통령의 폐단들을 모두 모아 놓은 결정판이라 해도 과언이 아니다. 제왕적 대통령제는 박정희, 전두환이라는 군사독재에서 절정에 달했지만 87년 민주화 이후에도 지속됐다. 특히 이는 노태우정권은 말할 것도 없고 민주화운동 출신의 김영삼정부, 민주화운동과 노벨평화상에 빛나는 김대중정부시절에도 정도의 차이는 있지만 계속 됐다.

이는 삼권분립의 상징인 국회의장을 대통령이 낙점하는 관행이 그들 정부에서도 계속됐다는 사실이 잘 보여주고 있다. 노무현정부는 국정홍보처 책자를 통해 이렇게 말하고 있다. "참여정부의 출범은 한국민주주의가 민주화 2기에 진입했다는 것을 의미한다 (중략) 민주화 1기는 분열의 지역주의, 후진적 정당체제, 부정부패, 그리고 제왕적 대통령제라는 나쁜 유산을 물려줬다"(손호철, 2011: 805에서 재인용).

제왕적 대통령과 한 짝으로 따라다니는 것이 '제왕적 총재'이다. 즉 정당은 대통령의 사당에 다름없는 것이 우리의 현실이다. 여당은 원래 그랬고, 자유주의적 야당도 이 점에 관한 한, 87년 민주화 이후 그 이전보다 후퇴했다. 70년대 40대 기수론과 김대중, 김영삼 경선이 보여주듯이 민주화 이전에는 정당이 어느 정도 민주적이었다면 87년 이후 3김정치가 만개하면서 당은 사당이 되어버렸다(이에 대한 비판은 손호철, 1997). 사실 박정희, 전두환도 당을 수시로 만들고 부수지는 않았다. 스탈린의 공산당도 개인이 아니라 당이라는 제도가 권력을 갖고 있었지 사당은 아니었다. 3김의 정당이 북한보다 나은 것은 세습은 안 했다는 정도이다.

또 다른 유용한 개념이 80년대 신생민주주의를 위한 '위임민주주의'(delegative democracy)이다(O'Donnell, 1994). 이는 "대통령이 민주선거에 의해 선출되지만 자리에 오르면 대의민주주의를 넘어 모든 권력을 위임받은 것처럼 전권을 행사하는 왜곡된 민주주의"를 의미한다. 과거 독재정부들은 민주선거에 의해 선출된 것도 아니라는 점에서 '권위주의-제왕적 대통령'이었다면 87년 이후의 대통령들은 '위임민주주의-제왕적 대통령'들이었다.

이 같은 '제왕적 대통령-제왕적 총재-위임민주주의'를 깬 것은 노무현 대통령이다. 노무현은 국회의원 공천권을 스스로 포기하는 등 제왕적 총재로 군림하지 않고 당을 민주화했다. 나아가 역대 정권들이 정권의 도구로 이용해온 국정원, 검찰 등 권력기관들에 대한 정략적 통제[9]를 포기하는 등 스스로 '대통령의 탈권위주의화', '대통령의 탈제왕화'를 실천했다(이것이 노무현정부의 가장 큰 업적이라 할 수 있다).

그러나 제왕적 대통령-제왕적 총재-위임민주주의는 보수정권인 이명박정부가 들어서면서 다시 살아났다. 그리고 박근혜정부에 들어서

9 공작정치의 최대 피해자인 김대중 대통령 하에서도 국정원이 국내정치적 필요성에서 도청을 했다가 발각됐다.

더욱 강화되어 박근혜게이트라는 비극을 잉태하고 말았다. 이 같은 지난 30년의 변화를 요약하면 다음과 같다(표 4).

표 4. 제왕적 대통령제

	1987년 이전	노태우-김대중	노무현 (탈권위주의)	이명박. 박근혜
제왕적 대통령	o	o	X	o
제왕적 총재	o	o	X	o
위임민주주의	X(권위주의)	o	X	o

위에서 인용했듯이 노무현정부는 자신이 계승한 김대중정부까지의 민주화 1기의 문제점으로 제왕적 대통령제, 후진적 정당, 분열적 지역주의, 부정부패를 비판했다. 이미 살펴본 제왕적 대통령, 후진적 정당, 그리고 앞으로 살펴볼 분열적 지역주의, 박근혜게이트가 잘 보여준 부정부패 등 모든 것이 지금의 문제를 예언이라도 한 것처럼 정확히 지적하고 있다. 이는 노무현정부 이후에도 지금까지 이들 문제들이 고쳐지지 않았다는 이야기이다.

우리는 87년 체제의 문제점으로 제왕적 대통령을 살펴보면서 제왕적 총재라는 후진적 정당구조를 지적한 바 있다. 정당에 대해 살펴보아야 할 또 다른 문제는 후진적인 정당체제이다. 1987년 민주화가 되자 그동안 박정희 전두환 TK(대구경북) 정권의 지역차별적 정책에 의해 누적된 잠재적인 지역갈등이 양김의 분열로 전면화되면서 한국의 정당들은 특정지역에 기반한 지역정당들로 변모하고 말았다(이에 대한 자세한 설명은 손호철, 2011: 718-724). 이후 반민주적이고 지역패권적인 90년 3당통합, 김대중과 김종필의 DJP 연합 등을 거치며 지역균열의 구체적인 내용은 변화하지만 지역에 기초한 '거대 보수지역정당'[10]들이 경쟁하는 체제는 계속 유지되고 있다. 이는 여러 통계들이 잘 보여주고 있다. 아래 표가 잘 보여주듯이 한국 선거에서 가장 영향을 미치는 것은 지역이고 다음은 세대이다. 특히 대통령선거의 경우 더욱 그러하다. 반면에 이념은 중요한 결정요인이 되지 못하고 있다(표 5, 이갑윤, 2011).

표 5. 한국의 투표결정요인

		대통령선거	국회의원선거
1차적	(1) 지역	17.7	12.7
	(2) 연령	5.5	2.9
2차적	(1) 이념	−3.2	3.3
	(2) 현역지지. 반대	2.4	4.3

이 같은 통계는 1987년 이후 투표행태를 평균 낸 것으로 역사적 추세를 보여주지는 않는다. 따라서 우리는 1987년 이후 지역주의의 역사적 추세를 살펴볼 필요가 있다. 우선 1987년 이후 대통령선거에서 나타난 지역갈등 내지 지역균열의 변화추세이다. 아래 표가 보여주듯이 우리의 지역균열은 민주화 이후 치러진 첫 선거인 1987년 본격화되기 시작해 김영삼과 김대중이 부딪쳤던 1992년 대선이 균열지수가 무려 73.2%로 기록해 피크를 이뤘다. 상대방 지역에서 20%를 받았다면 자기 지역에서는 93.2%를 얻었다는 이야기이다. 이후 지역균열은 서서

10 일각에서는 더불어민주당을 진보정당이라고 보지만 이는 잘못이다. 더불어민주당은 서구의 사회민주주의 정당과 같은 진보(progressive)정당이 아니라 자유주의(liberal) 내지 개혁적 보수정당으로 한국은 미국처럼 보수양당 채제로 보는 것이 맞다(이에 대한 자세한 설명은 아래 참조).

히 약해지고 있지만 마지막 선거인 2012년 대선에서도 1차적 균열로는 매우 높은 58.3%를 아직도 기록하고 있다.

표 6. 지역균열지수(RCI)

	1987년 (노태우 김대중)	1992년 (김영삼 김대중)	1997년 (김대중 이회창)	2002년 (노무현 이회창)	2007년 (이명박 정동영)	2012년 (박근혜 문재인)
영호남 득표율 차이	67.7%	73.2%	67.2%	65.4%	61.5%	58.3%

* RCI는 지역갈등이 얼마나 심한가를 측정하는 Regional Cleavage Index의 준말임.
** 두 후보의 영호남지역 득표율 차이를 계산해 평균을 낸 것임. 단 노태우, 김영삼, 김대중, 김종필의 출마로 네 지역(경북, 호남, 경남, 충청)이 대립했던 1987년 대선은 대구경북 대 광주호남지역에서의 득표율 차이를 계산한 것임.

가장 최근의 전국적인 선거인 2016년 국회의원 선거 결과도 크게 다르지 않다. 이 선거의 경우 박근혜정부의 실정에 대한 심판이 강해 새누리당(자유한국당)의 텃밭인 대구경북에서 야당의원이 당선됐고 지역출신인 김영삼 전 대통령이 여당으로 간 3당 통합 이전에는 야당지역이었던 부산경남(PK)에서는 야당의원이 여럿 당선되는 등 지역주의에 금이 가기 시작했다. 그러나 아래 표가 보여주듯이 지역주의의 약화에도 불구하고 영남지역의석의 80%를 새누리당(자유한국당)이 차지했다. 호남도 의석의 90% 이상을 야당들이 차지했고 새누리당(자유한국당)은 7%대를 차지하는 데 그쳤다. 이처럼 지역정당체제라는 점에서는 87년 민주화 이전보다 오히려 더 후퇴한 것이다. 즉 다른 분야와 달리 87년 이전보다 후퇴한 것이 사당정치와 지역주의이다.

표 7. 2016년 총선 결과

영남내 새누리의석(A)	호남내 비새누리의석(B)	영호남(A와 B)평균
80%(53/65)	92.86%(26/28)	86.43%(79/93)

이를 최근 부상하고 있는 세대갈등, 세대균열과 비교해 보는 것은 나름의 의미가 있다. 2030의 젊은 세대와 5060의 노인세대 간의 갈등은 2002년에 균열지수(2030에서의 득표율과 5060에서의 득표율의 차이)가 23.9%를 기록하며 본격화되었다가 2007년 약화됐다. 그러나 박근혜를 당선시킨 2016년 대선에서는 33.9%를 치솟아 최고치를 기록했다. 그러나 이 같은 수준은 아직도 지역갈등의 절반을 조금 넘는 수준으로 지역갈등이 여전히 압도적으로 한국정치를 지배하고 있다.

표 8. 세대균열지수(GCI)

	1997년 대선 (김대중·이회창)	2002년 대선 (노무현·이회창)	2007년 대선 (이명박·정동영)	2012년 대선 (박근혜·문재인)
2030과 5060 득표율 차이	9.7%	23.9%	12.5%	33.9%

* GCI는 세대갈등이 얼마나 심한가를 측정하는 Generational Cleavage Index의 준말임.

**두 후보가 2030에서 얻은 득표율과 5060에서 얻은 득표율 간의 차이를 계산해 평균을 낸 것임.

부정부패도 심각한 문제이다. 진경준 주식뇌물 대박사건, 현직부장검사 스폰서 뇌물사건 등 각종 사법부 비리로부터 박근혜-최순실-재벌로 이어진 공생구조는 우리의 정경유착과 부정부패가 얼마나 심각한가를 잘 보여주고 있다. 최근 국제투명성기구가 발표한 2016년 국가

별 부패인식지수에 따르면 우리나라의 부패인식지수는 OECD 국가 중 최하위권이고 세계적으로 52위로 아프리카의 르완다보다 뒤처지는 것으로 나타나고 있다(《경향신문》, 2017년 1월 26일자). 충격적인 것은 이 통계가 박근혜게이트 이전에 조사한 것이라는 점이다. 따라서 재벌과 권력의 유착관계는 말할 것도 없고 입시부정도 모자라 대학교수가 권력자의 딸이라는 이유로 학생의 시험답안지와 리포트까지 대신 작성해 줄 정도로 부정부패의 극치인 박근혜게이트까지 포함한다면 우리의 부정부패 순위가 몇 등이나 할지 생각조차 하기 싫다.

부패는 기업이 새로운 기술개발보다는 특혜를 통해 이익을 챙기게 해서 공정경쟁과 기회의 평등을 저해하고 경제성장을 가로막는 부작용까지 있다. 현대경제연구원의 분석에 따르면 우리의 청렴도를 OECD 평균수준으로 개선하면, 경제성장률도 0.65%(2010년 기준) 오르는 효과가 있는 것으로 기대되고 있다(《뉴스1》, 2017년 1월 30일).

87년 헌정체제에 대한 논의를 끝내기에 앞서 마지막으로 짚고 넘어갈 문제가 하나 있다. 그것은 김대중, 노무현정부, 그리고 이를 잇는 더불어민주당과 국민의당의 성격문제이다. 이에 대해 보수세력은 '좌파'니 '진보'라느니 비판을 아끼지 않고 있고 더불어민주당 등도 스스로를 '진보'라고 생각하는 것 같다. 그러나 이는 잘못이다. 더불어민주당이 진보정당이라면 민주노동당이나 정의당은 무슨 정당인가? 극좌정당인가?

진보와 보수를 이해하는 데에는 네 가지 방식이 있다(손호철, 2010: 63-70). 첫 번째, 변화지지=진보, 변화반대=보수라는 식으로 변화에 대한 태도로 구별하는 것이다. 이 기준에 따르면 변화를 추구한 5.16군사쿠데타도, 히틀러의 집권도 진보이다. 이처럼 변화의 내용이나 방향을 보지 않고 변화에 대한 태도만으로 보수, 진보를 가르는 것은 문제가 많다. 두 번째, 진보와 보수를 상대적인 것으로 보는 것이다. 이 경우 미국의 민주당, 김대중, 노무현정부는 진보이다. 그러나 이 같은 방식의 이해는 한국과 미국정치의 특징이 유럽과 달리 진보정당이 없다는 사실을 보지 못하게 한다. 이 같은 이해는 히틀러와 무솔리니를 비교해 무솔리니는 진보라고 주장하는 격이다.

세 번째는 절대평가로서 시장과 자본주의를 긍정적으로 보면 보수, 비판적으로 보면 진보로 보는 것이다. 즉 사회민주주의와 그 좌측사상이 진보이다. 이 같이 이해할 때 유럽과 달리 미국과 한국은 진보정당이 없고 보수양당제가 지배해 왔다는 주장을 이해할 수 있게 된다. 네 번째 포스트주의, 해체주의적 방식으로 진보-보수가 이슈에 따라 변한다는 것이다. 예를 들어 페미니즘의 입장에서는 보수적 여성후보가 진보적 남성후보보다 더 진보적이라고 보는 것이다.

이 중 세 번째와 네 번째를 결합시킨 방식이 가장 바람직하다고 하겠다. 즉 진보는 시장에 비판적이면서 소수자, 생태주의, 평화 등을 중시하는 입장이며, 보수는 시장를 지지하면서 다수자 중심적이고 발전주의적이며 안보주의적인 입장을 의미한다.

주목할 것은 김대중, 노무현정부의 관계자가 자신들이 진보라고 주장하면서 영어로는 '리버럴'이라고 지칭한 점이다. 맞다. 이들은 리버럴(자유주의)이지 프로그래시브(progressive)가 아니다. 이와 관련, 한국정치는 진보-보수라는 이분법으로는 이해할 수 없고 진보세력(민주노동당, 정의당, 민주노총 등), 자유주의(개혁)세력(더불어민주당, 국민의당, 시민단체 등), (냉전적) 보수세력(새누리당〈자유한국당〉, 바른정당, 뉴라이트 등)이라는 삼분법으로 이해해야 정확히 이해할 수 있다.

나. 97년(신자유주의) 체제

그러면 우리의 경제는 어떠한가? 87년 민주화 이후 30년 동안 우리 경제는 어떻게 변화했나? 위에서 여러 번 지적했고, 아래에서 자세히 살펴보겠지만 경제에 있어서 주요한 분기점은 87년이 아니라 IMF 경제위기로 미국식 경제체제가 전면화한 97년이다.

87년 민주화 이후에도 박정희가 만든 국가주도형 경제체제는 약화되었지만 계속 유지되어 오다가 97년 경제위기와 함께 위기의 원인인 관치경제로 비판받으면서 미국식의 시장만능의 신자유주의체제로 대체되게 된다. 김대중정부가 주도했고 이어지는 정부들이 계승한 이 신자유주의는 1) 정리해고 등 노동의 유연화, 2) 소액주주권한 강화와 업종전문화 등 재벌 개혁, 3) 공기업의 사유화, 4) 규제완화, 5) 대외적 시장개방 등을 골자로 하고 있다. 이들 정책들의 문제점과 대안들은 다음장 '2017년 체제를 향하여'에서 구체적으로 살펴볼 것이다. 다만 여기에서는 거시적 흐름들만을 통계를 중심으로 살펴보고자 한다.

우선 경제를 분석할 때 가장 일반적으로 주목하는 경제성장률을 살펴보자. 노태우정부로부터 현재에 이르는 지난 30년간의 경제성장률 추세를 바라보면 두 가지 중요한 특징을 알 수 있다.

첫째, 경제성장률이 전반적으로 하강세를 그리고 있다. 그러나 1987년 민주화 이후에도, 그리고 민주화 덕으로 그동안 억눌려왔던 노동운동 등이 폭발했고 이에 대해 보수세력이 한국이 '제 2의 아르헨티나'가 되고 있다는 비판의 목소리를 높였음에도 불구하고, 1997년 경제위기 전에는 고도성장을 계속 유지했다. 구체적으로, 연평균 경제성장률이 노태우정부 9.1%, 김영삼정부 7.1%(경제위기가 발생하는 1997년을 빼고 1996년까지의 평균성장률임)[11]을 기록했다. 그러나 경제성장률은 1997년 IMF 경제위기와 함께 급속히 하락하게 된다.

표 9. 1인당 경제성장률 비교(연평균)

	노태우	김영삼	김대중	노무현	이명박	박근혜
성장률	9.1%	4.8%(7.1)	4.4%	4.6%	3.2%	2.9%

** 괄호 속은 IMF 경제위기 해인 1997년을 제외할 경우의 성장률이다.

** 박근혜는 2013-2016년

둘째, 매우 중요한 사실로서 일반적 통념과 달리, 그리고 민주당 우파세력의 생각과 달리, 김대중과 노무현정부가 분배만 강조하느라고 경제성장에 실패하지 않았다. 2007년 대선에서 정동영 후보가 참패한 뒤 정세균 대표체제는 참패의 원인이 성장을 등한시 한 것이라고 보고 뉴민주당 플랜이라는 것을 구상하는데 그 내용은 분배만이 아니라 성장도 중시한다는 것이었다(손호철, 2010: 302-303). 그러나 위의 표가 보여주듯이 김대중, 노무현정부는 이명박, 박근혜정부보다 오히려 빠른 경제성장을 기록했다. 이명박정부는 3.2%, 박근혜정부 2.9% 성장에 그침으로써 보수정권 들어 성장세가 오히려 후퇴하고 있다(물론 두 시기의 단순비교는 문제가 있다. 이명박 집권 시는 월스트리트 경제위기 때였다. 그러나 김대중정부 역시 '한국전쟁 이후 최대의 국난'이라는 IMF 경제위기에 집권해 첫

11 아래 표가 보여주듯이 1997년을 포함하면 김영삼정부의 성장률은 4.8%이다.

해에는 마이너스 5.5% 성장을 기록했다. 따라서 큰 추세는 읽을 수 있다.).

이 같은 사실은 김대중·노무현정부와 같은 자유주의정당들이 결코 보수정당보다 성장에 무능하지 않다는 것을, 나아가 97년 이후 우리의 경제성장이 둔화된 것은 일부 보수세력들이 주장하듯이 김대중, 노무현정부와 같은 반기업적인 소위 '좌파' 내지 진보 정권들이 집권했기 때문이 아니라는 것을 보여주는 것이다. 만일 이들 보수세력의 주장이 맞다면, 친기업적인 우파정권이 집권하고 법인세 인하 등 친기업적인 정책을 폈음에도 불구하고 소위 '좌파'정권 때보다 경제성장률이 더 떨어진 것을 어떻게 설명할 것인가?

그렇다면 왜 1997년 이후 경제성장률이 급하강했는가? 다시 말해, 경제위기가 극복된 이후에도 경제성장률은 왜 회복되지 않고 계속 하강하는가? 그 이유로 고령화, 저출산 등을 들 수 있지만 이들 요인들이 유독 97년 이후부터 작동하기 시작했다고 볼 수는 없다. 오히려 웨이드 등이 지적했듯이(Wade et al, 1998), IMF가 구제금융의 조건으로 한국의 높은 저축률을 고려하지 않고 기계적으로 기업의 자본대비 부채율(BIS)을 국제기준으로 낮추라고 지시함으로써 고저축-고부채-고투자-고성장의 '선순환구조'가 깨어지고 저부채-저투자-저성장구조로 고착된 것과 관련이 있어 보인다.

물론 97년 이전의 고성장주의로 돌아가자는 이야기는 아니다. 오히려 97년 IMF경제위기는 경제성장 위주, 경제적 가치 일변도로 살아온 그간의 생활방식을 발본적으로 반성하고 문명의 전환을 할 중요한 기회였으나 우리는 그러지 못했다. 그 중요한 계기가 민주노총이 정리해고에 대한 대안으로 제안한 노동시간 단축이었다. 이를 통해 우리는 노동시간을 줄이고 덜 생산하고, 덜 풍요하고, 덜 소비하는, 그러나 자기시간을 즐기고 사는 '문명의 전환'을 이룰 수 있었다. 그러나 김대중정부뿐만이 아니라 문화계까지도 이를 외면하고 무비판적인 '경제살리기'에 묵시적으로 동조했다(손호철, 1999: 44-45). 이 문제는 다음 장에서 다시 논의하고자 한다.

그러면 김대중·노무현정부는 경제정책에서 문제가 없는 것인가? 아니다. 이들의 문제는 경제성장이 아니라 경제민주주의와 분배였다. 김대중·노무현정부는 스스로 '중산층과 서민의 정부'를 자임했고 보수진영에서는 '좌파정권'이라고 비판했지만, 그리고 민주당내 우파는 자신들이 성장을 간과하고 분배만 강조했다고 비판했지만, 사실은 1997년 경제위기 극복이라는 이름하에 무비판적으로 수용한 신자유주의정책에 의해 경제민주주의와 분배에서 매우 낮은 점수를 기록했다(손호철, 2010: 302-307).

이와 관련, 주목할 것은 한국의 민주화는 오히려 양극화를 심화시킨 '질 나쁜 민주주의'였다는 최장집 교수의 주장이다(최장집, 2005). 최교수가 무엇을 이야기하려는 것인지 이해는 가지만 오해의 소지가 있는, 정확하지 못한 표현이다. 즉 민주화가 양극화를 심화시키지 않았다. 오히려 다른 나라에서와 마찬가지로 빈부격차를 완화시켰다. 이는 87년 민주화 이후 김영삼정부까지 빈부격차를 대표하는 지수인 지니계수가 꾸준히 줄어들었다는 사실이 잘 입증해주고 있다(지니계수는 1이면 완전불평등, 0이면 완전평등으로 숫자가 작을수록 좋다).

그러나 김영삼정부가 세계화를 본격적으로 추진한 김영삼정부 후반 들어, 특히 1997년 경제위기와 함께 김대중정부가 신자유주의적 금융세계화를 본격적으로 추진한 뒤, 지니계수는 급등하고 빈부격차는 급격히 심화됐다(표 10 참조). 구체적으로 소득을 기준으로 한 지니계수는 군사독재시절 0.310 수준을 기록하던 것이 87년 민주화 이후 0.281까지 떨어졌다가 1997년 IMF 경제위기에 의해 신자유주의를 전면화한 김대중·노무현정부때는 0.324까지 높아졌다. 그러나 영세자영업자를 포함한 국제기준에 따르면 지니계수는 소득기준으로 97년 전 0.298에서 0.358로 훨씬 급격하게 불평등이 심화됐다.

표 10. 경제적 민주주의 추세(Gini 계수)

	군사독재	민주화 (노태우, YS 시기)				민주화 + 신자유주의 세계화(1) (DJ, 노무현 시기)				민주화 + 신자유주의 세계화(2) (이명박) (박근혜)	
	(80–86년 평균)	87	93	97	평균	98	99	07	평균	평균	평균 (13–14년)
도시근로자	.310	.306	.281	.291	.291	.316	.320	.324	.315	.316	.308
전 가구 (국제기준)				.298		.358		.344	.346	.341	.330

결국 위의 표가 보여주듯이 문제는 민주화(87년 체제)가 아니라 세계화, 신자유주의적 금융세계화(97년 체제)였던 것이다. 요약하자면, 우리의 경제민주주의와 분배는 87년 민주화 이후 신장되다가 97년 신자유주의 전면화 이후 오히려 후퇴해 왔다. 경제위기라는 조건에서 집권한 탓이기는 하지만, 김대중 노무현정부는 김영삼, 노태우정부는 말할 것도 없고 군사독재정권보다도 더 양극화를 심화시킨 '반서민정권'이 되고 말았다(이와 관련, 나는 경제위기 직후인 1998년 초 김대중 대통령은 대선 직전에 터진 경제위기 덕으로 승리했지만 경제위기 때문에 '한국의 루스

벨트'가 아니라 '한국의 대처', '한국의 레이건'이 될 운명이라고 우려한 바 있다〈손호철, 1999: 51–52〉).

국제비교시각에서 보자면 2000년대 초를 기준으로 가장 복지가 잘된 북구의 사회민주주의 국가들은 지니계수가 0.239를 기록하고 있고 프랑스, 독일과 같은 대륙형 코포라티즘 국가들은 0.267을, 영미형 신자유주의 국가들은 0.339를 기록하고 있다. 특히 가장 빈부격차가 심한 미국은 0.368을 기록하고 있다(Esping–Anderson, 1990; 손호철, 2011: 670). 이를 기준으로 할 경우, 우리는 1997년 김대중·노무현정부 이전에는 대륙형과 영미형 중간정도였는데 김대중정부 이후 가장 열악한 미국 수준으로 빈부격차가 나빠졌다는 이야기이다.

군사독재세력인 냉전적 보수세력에 오랫동안 대항해온 한국의 자유주의세력은 경제위기라는 조건에서야 어렵게 집권할 수 있었지만 신자유주의정책을 무비판적으로 수행함으로써[12] 군사정권보다도 더 반서민적 양극화를 초래한 것, 그것이 한국 자유주의의 비극이다. 그리고 그 같은 경제적 결과는 박정희향수, 그리고 "무능보다는 부패가 낫다"는 서민들의 반란으로 이어졌고 그 결과가 2007년 대선과 2008년 총선에서의 이명박과 보수세력의 압승이다.

다음과 같은 투표결과는 이 한국 자유주의의 비극을 웅변적으로 보여주고 있다. 1997년 대선의 경우 가난한 사람들일수록 김대중후보를 찍었다. 그러나 김대중, 노무현정부 10년이 지난 2007년 대선에서는 가난한 사람일수록 정동영후보가 아니라 이명박후보를 찍었다(손호철,

---

12 신자유주의정책 등 모든 것을 경제위기의 탓으로 돌릴 것은 아니며 다른 선택은 있었다(아래 참조).

2011: 820). 이와 관련, 한 여론조사전문가는 2007년과 2008년 선거 결과를 "운동권 엘리트들에 대한 대중의 복수"라고 분석한 바 있다(김헌태, 2009).

표 11. 대통령선거 계층별 지지후보 비교

	1997년 대선		2007년 대선	
	김대중(자유주의)·이회창(보수)		정동영(자유주의)·이명박(보수)	
저소득층	51.9%	36.1%	15.9%	72.5%
중저소득층	43.7%	37.1%	17.8%	65.5%
중상소득층	39.8%	40.8%	28.9%	56.5%
상위소득층	41.1%	40.4%	30.2%	62.3%

** 한국선거학회, 『대통령선거 여론조사』 자료

안타까운 것은 비정규직의 일상화, 청년실업 등 특히 청년들의 경제민주주의가 엄청난 타격을 받았다는 것이다. 그 결과가 바로 헬조선이다. 이를 노동문제와 관련시켜 살펴볼 필요가 있다. 1997년 이전 한국의 경우 노동조합 결성, 단체교섭, 파업 등 집단적 노사관계는 억압적이었지만 고용, 해고 등 개별적 노사관계는 전향적이었다. 기업이 마음대로 정리해고 할 수가 없었고 그 만큼 일자리가 안정적이었다. 이에 따라 정리해고가 쉬운 유럽 등에 비해 "경쟁력이 떨어진다"는 불평이 자본에서 터져 나왔다. 그리고 1997년 IMF 경제위기 이후 집단적 노사관계는 어느 정도 민주화됐지만, 경제를 살리기 위해 불가피하다며 정리해고의 합법화 등 개별적 노사관계는 오히려 후퇴시켰다.

서구의 경우 정리해고가 용이하고 실업률이 높지만 잘 마련된 복지체제가 뒤에 버티고 있다. 반면에 우리는 실업률이 낮고, 직장의 안정성 등을 갖추었지만 그 대신 복지제도는 부재해 사실상 기업복지, 가

족복지에 의존해 왔다. 그러나 1997년 이후 우리는 한국모델과 유럽모델의 나쁜 점만 모아놓은 '최악의 조합'이 되고 만 것이다. 즉 복지도 제대로 안 갖추고서 정리해고, 비정규직이 보편화된 것이다(표 12 참조).

표 12. 한국사회의 변화(1997년 이후)

	경제제도	복지제도
유럽	고실업, 노동의 유연화	O
한국(1997년 이전)	저실업, 직업안정성	X
한국(1997년 이후)	고실업, 노동의 유연화	X(초보적 복지)

대외적으로도 97년 경제위기 전에는 주식시장의 외국인 소유가 3% 대에 불과해 소유라는 측면에서 세계에서 가장 '민족주의적' 경제 중의 하나였으나 IMF 경제위기 후에는 외국인 소유가 40%대를 넘어서는 가장 '개방적 경제'로 변화하고 말았다. 그 결과 세계경제에 조금만 문제가 생기면 외국자본이 빠져나가 주식이 폭락하고 환율이 요동치는 나라가 되고 말았다.

다. 기타

앞에서 우리는 촛불혁명을 이해하기 위해 87년 헌정체제와 97년 체제를 중심으로 지난 30년의 한국의 정치와 경제를 살펴보았다. 결론적으로, 1987년 이후 30년의 한국 정치와 경제를 한마디로 요약한다면 어떻게 될까? 1987년 이전의 우리 사회는 정치적으로 억압적이었지만 경제적으로는 최소한 안정적 직장이 어느 정도 보장됐었다. 반면에 30년이 지난 우리 사회는 정치적으로 자유로워졌지만, 경제적으로는 취업에서부터 해고까지 불안이 지배하고 '만인에 대한 만인의 경쟁'이 지배하는 헬조선의 '지옥'이 되고 말았다. 군사독재시절의 '정치 지옥, 경제 안정'에서 이제는 '정치 자유, 경제 지옥'으로 변화한 것이다. 30년 전 대학생들은 국가보안법을 두려워하며 공포 속에 지하에 숨어 마르크스의 『자본론』 영어 해적판을 읽어야 했다. 그러나 이제 대학생들은 서점에 한글판 『자본론』이 넘쳐나도 '스펙전쟁'에 바빠서 이를 읽을 시간도, 여유도 없다.

정말 걱정인 것은 흙수저의 세습사회이다. 평생 노력해 봐야 개인의 지위가 높아지지 않는다는 사회적 유동성에 대한 부정적 인식이 20년 전에는 5.3%에 불과했던 것이 이제는 62.2%를 기록했다. 노력해 봐야 신분이 세습된다고 생각하는 사람이 IMF 경제위기로 신자유주의를 전면화한 20년 동안 무려 12배나 많아진 것이다(《연합뉴스》, 2016년 12월 12일자). 이를 가장 상징적으로 보여주는 것이 지난 20년 동안 학벌철폐를 없애기 위해 노력해온 '학벌 없는 사회'라는 조직이 지난 해(2016년) 스스로 해체한 것이다. 그들은 우리 사회가 이제 학벌이 중요하지 않고 출신 집안이 중요한 '자본사회'로 변화했기 때문이라고 해체 이유를 밝혔다. 이 같은 흙수저의 세습사회가 돈 많은 부모를 둔 것도 실력이라는 정유라의 조롱과 결합해 이번 촛불혁명의 중요한 동력으로 폭발하고 만 것이다.

신자유주의 20년과 관련해, 오해의 소지가 있기에 한 가지만 명확히 하고 넘어가고자 한다. 앞에서 우리는 김대중, 노무현정부라는 자유주의정권이 신자유주의정책을 무비판적으로 수용함으로써 사회적 양극화를 심화시켰으며 헬조선의 토대를 닦았다는 이야기를 했다. 그리고 2007년 대선과 2008년 총선에서 참패한 이유도 이 때문임을 보여주었다. 그러나 이명박, 박근혜정부라는 보수정권에 비하면 이들 자유주의정권들은 훨씬 '양호한' 정권이었다. 위에서 보았듯이 김대중, 노무현정부는 부족하지만 정치적 민주주의를 발전시켰다. 경제성장에도 어느 정도 성과를 거두었다. 다만 사회적 양극화를 심화시켰다. 반면에 이명박, 박근혜정부는 정치적 민주주의를 후퇴시켰다. 성장도 죽을 쒔고 사회적 양극화도 심화시켜 헬조선을 만들었다.

사실 김대중, 노무현정부가 신자유주의정권이었지만 최소한 부자감세는 하지 않는 '좌파 신자유주의'정권(좌파와 신자유주의는 양립할 수 없는 개념이지만 이명박, 박근혜 구별하기 위해 굳이 분류를 한다면)이었다면 이명박, 박근혜정부는 2008년 월스트리트 금융위기로 신자유주의가 파산이 났음에도 불구하고 부자감세까지 감행한 '우파 신자유주의 정권이었다. 게다가 아래에서 간단히 살펴볼 남북관계에서도 김대중, 노무현정부는 비적대적 평화공존을 유지했다면 이명박 박근혜정부는 군사독재시절의 적대적 대립으로 회귀하고 말았다.

표 12. 자유주의와 보수정권 비교

	자유주의 정권 (김대중, 노무현)	보수정권 (이명박, 박근혜)
정치적 민주주의	O(진전)	X(후퇴)
경제성장	O	X
분배평등	X	X
남북관계	O(비적대적 평화공존)	X(적대적 대립)

여기에서는 지난 30년의 정치와 경제 이외에 살펴보아야 할 몇 가

지를 간단히 짚고 넘어가고자 한다. 우선 "모든 사회적 관계는 권력관계이고 정치"라는 푸코의 문제의식(Foucault, 1980; 손호철, 2002: 71-111)에 기초한 일상성의 민주주의는 어떠한가? 페미니즘, 성 소수자 등 다양한 일상성의 민주주의 운동들은 군사독재시절에는 '민주화'라는 일차적 과제에 밀려서 억압되어 있었다. 그러나 87년 민주화 이후 폭발되어 발전했지만 아직도 요원하기만 하다. 이 문제를 살펴보기 위해 일상성의 민주주의의 한 종류인 젠더민주주의를 들여다보고자 한다.

1997년 대선 때 이제는 없어진 한 페미니즘 잡지의 편집장이 여성운동은 여성후보인 박근혜후보를 밀어야 한다고 주장해 뜨거운 논쟁이 벌어진 바 있다. 여성운동의 입장에서는 "가장 '진보적인 남성후보'보다도 '보수적인 여성후보'가 더 진보적인 후보"라는 주장이었다. 그 편집장의 바람대로 우리나라에도 드디어 여성 대통령이 등장했다. 이는 '민주주의의 선진국'이라는 미국보다도 앞선 것이다. 그러나 민주화가 30년이 지나고 여성 대통령인 박근혜(아니 최순실?)가 집권한 지 3년이 지났음에도 불구하고 우리의 젠더민주주의는 아직도 바닥을 헤매고 있다(표 13 참조). 구체적으로, 경제적 참여, 교육성취, 정치적 권한에 있어서 우리나라의 젠더민주주의는 모두 100등 밖이다.

표 13. 한국의 젠더 격차

	전체 순위	경제참여 및 기회	교육성취	정치적 권한
2015	115/145	125	102	101
2013	111/136	118	100	86
2011	107/135	117	97	90

"우리는 어디서 왔으며 무엇인가"를 제대로 이해하기 위해서는 위에서 살펴본 정치, 경제, 일상성의 문제를 넘어 남북관계와 국제정치도 살펴보아야 한다. 특히 21세기 세계패권을 놓고 벌어지고 있는 미국·일본과 중국의 대립 속에서 우리의 위상은 사드문제와 한일 위안부 합의 등이 보여주듯이 위기에 처해 있다. 게다가 모든 대화가 단절된 가운데 빠르게 진행되고 있는 북한의 핵개발이라는 북핵문제는 또 다른 우리의 현주소이다. 다만 이들 문제들은 필자의 능력 밖의 주제이다. 다만 분단모순과 관련된 남북관계만 간단히 짚고 넘어가고자 한다.

1987년 민주화 이전 남북관계는 남북한의 독재정권들이 자신들의 독재를 정당화하기 위한 국내정치적 필요성 때문에 표면적으로는 대립하면서도 사실상 상대방의 존재를 필요로 하는 '적대적 상호의존' 관계 속에서도(백낙청, 1992), 적대적 대립이 주된 양상인 대립적 관계를 유지해 왔다(손호철·방인혁, 2012). 87년 민주화 이후 세계적인 탈냉전의 흐름 속에서 한국은 소련, 중국 등 구 공산권과의 국교정상화를 이루었고 김영삼정부는 장기수의 북한 송환, 김일성과의 정상회담 등을 추진하기도 했으나 남북관계는 적대적 대립을 벗어나지 못했다.

그러나 김대중정부 들어 남북정상회담과 햇볕정책을 통해 남북관계는 비적대적 평화공존과 경제교류의 단계로 발전했고 노무현정부는 개성공단 등을 통해 이를 더욱 발전시켰다. 그러나 이명박, 박근혜정부 들어 남북의 평화공존의 상징인 금강산관광과 개성공단이 중단, 폐쇄되고 다시 적대적 대립 관계로 회귀하고 말았다.[13] 게다가 북한은 핵무

13 이 같은 남북관계의 변화가 김대중, 노무현정부와 이명박, 박근혜정부 사이의 가장 큰 차이이다.

장에 박차를 가하고 있고 한반도와 동북아는 21세기 패권을 둘러싼 미국 일본 동맹과 중국 간의 격전장으로 변하고 있다. 이는 우리 사회, 그리고 동북아의 뜨거운 감자로 등장한 사드의 한반도 배치를 둘러싼 갈등이 웅변적으로 보여주고 있다.

표 14. 남북한관계의 역사적 전개

	군사독재시절	노태우 김영삼	김대중 노무현	이명박 박근혜
남북관계	적대적 대립	적대적 대립	비적대적 공존	적대적 대립
기타	냉전	탈냉전	탈냉전 세계화	북한의 핵무장 미일 대 중국의 헤게모니전 (사드 등)

5. 이게 나라이긴 한 건가?

"우리는 어디서 왔으며 무엇인가, 즉 어디쯤 와 있는가?" 왜 박근혜게이트같은 충격적 사건이 일어나고 촛불혁명이 터진 것일까를 알아보기 위해 이 글은 박정희신화를 중심으로 해방 70년을, 그리고 민주화 30년과 신자유주의체제 20년을 살펴보았다. 특히 이에 대한 체계적인 이해를 위해 해방 70년에 대해 다른 신생국과의 '공시적'(synchronic) 국제비교, 민주화 30년과 IMF 경제위기 20년에 대해 '통시적(chronic)' 역사비교라는 '거시역사적 분석'을 시도해 봤다.

그러나 이 모든 고차원적 분석보다도 우리의 현주소를 가장 잘 보여주고 있는 것은 우리의 출발점인 박근혜게이트이다. '최악의 대통령'

과 '최고의 국민'(천오백만 명 촛불신화로 상징되는)의 결합이라는 기이한 역사적 조합이 만들어낸 이번 사건은 유신시대의 제왕적 대통령과 그를 시녀처럼 부린 최순실로 상징되는 권력의 사유화, 삼권분립이 무색하게 견제와 민의 대변이라는 제 기능을 잃어버린 국회, 대통령의 사적 소유물에 불과한 '내시여당', 권력과 재벌과의 정경유착, 금도를 넘어선 대학의 권력과의 유착, 십상시사건 은폐로 상징되는 검찰의 사유화, 사회경고 기능을 잃어버린 주류언론과 지식인들, 블랙리스트로 상징되는 시민사회에 대한 배제와 탄압 등 한국사회의 현주소를 생생하게 보여주고 있다. 대통령까지 조폭들이나 사용하는 줄 알았던 대포폰을 썼다니 더 무슨 말이 필요한가?(대통령의 '조폭화'?)

그럼에도 불구하고 대표적인 보수논객인 조갑제 '조갑제닷컴'대표 같은 사람은 탄핵반대집회에 나가서 "블랙리스트 만든 게 무슨 잘못이냐"며 "만일 블랙리스트를 안 만들었으면 오히려 박근혜 대통령을 탄핵해야 한다"고 주장하니 우리 '보수'의 수준이 어느 정도인지 알 만하다(《연합뉴스》, 2017년 1월 21일). 시대가 21세기인데 우리의 보수는 문화계 블랙리스트를 만들었던 1950년대 미국 매카시즘의 수준인 셈이다(그렇기 때문에 새누리당〈자유한국당〉을 포함한 우리의 보수들은 사실 글로벌 스탠다드로 볼 때는 보수와 거리가 먼 수구 세력 내지 '극우'에 불과하다).

우리는 묻지 않을 수 없다. 촛불의 구호처럼, "이게 나라이긴 한 건가?"

2장

2017년 체제를 향하여:
우리는 어디로 가야 하는가?

2장
2017년 체제를 향하여: 우리는 어디로 가야 하는가?

1. 왜 2017년 체제인가?

"우리는 어디서 왔으며 무엇인가?" 바로 앞 장에서 이 책이 살펴본 주제이다. 구체적으로, 우리는 박근혜게이트와 촛불혁명이 일어나게 된 배경에는 박정희신화, 박정희체제로 상징되는 해방·정부수립 70년사와 87년(헌정) 체제와 헬조선의 97년(신자유주의) 체제가 그 중심에 있다고 보고 이를 비판적으로 살펴보았다.

이제 우리는 어디로 가야하는가? 이제 우리는 박정희신화도, 87년 헌정체제도, 97년 신자유주의체제도 모두 넘어서 '새로운 공화국', 새로운 체제로 나가야 한다. 그것은 '2017년 체제'이다. '2017년 체제'에 대해서는 설명이 필요하다. 뒤(2부)에서 살펴보겠지만 일각에서는 1997년 대선에서 김대중정부가 승리해 소위 '민주정부'라고 부르는 자유주의정부가 들어섰으니 '97년 체제', 2008년에 자유주의 세력을 누르고 보수정권이 들어섰으니 '2008년 체제'(08년 체제)라고 부르고 있다.

그러나 '체제'는 단순히 '보수정권'처럼 '정권'이란 말을 유식하게 포장한 것이 아니다. 체제수준의 근본적인 변화가 있어야 97년 체제, 08년 체제라고 부를 수 있다. 2008년의 경우 근본적인 변화가 있었다고 보기 어렵기 때문에 기껏해야 97년 체제의 하위체제로서 08년 체제를 이야기할 수 있을 뿐이다. 따라서 정권교체가 이루어져 '민주정부'라고 부르는 자유주의정권이 집권한다고 해서 자동적으로 2017년 체제가 되는 것은 아니다. 또 개헌을 하더라도 헌정체제는 바뀌지만 헬조선이 그대로라면 '사회체제'는 97년 체제가 계속되는 것이다. 이 장의 제목이 '2017년 체제'가 아니라 '2017년 체제를 향하여'인 이유는 바로 이 때문이다. 그리고 우리가 2017년 체제를 갖게 될 것인가는 우리의 실천에, 촛불혁명의 결과에 달려 있다.

2012년 대선 때에도 일각에서는 2013년 체제론을 제기한 바 있다. 절박한 바람은 이해하지만 2013년이 체제적 변화가 가능한 정세였다고 보기는 어렵다는 점에서 주관적 희망사항이었다. 반면에 현재의 정세는 2017년 체제론을 심각하게 고민하게 만들고 있다. 즉 위대한 11월촛불혁명은, 광장은 꺼지지 않는 천만 촛불로 분노한 민의를 저버리고 몸보신에 급급했던 국회를 압박해 역사적인 박근혜 탄핵안을 통과시켰다. 나아가 단순한 박근혜 퇴진이나 정권교체를 넘어서 헬조선의 탈피와 같은, 보다 근본적인 변화(체제적 수준의 변화)를 요구하고 있다. 다시 말해, 박근혜를 쫓아내려는 단순한 '항쟁'이 아니라 '촛불혁명', '시민혁명'으로 발전한 지 오래이다. 그럼에도 불구하고 앞에서 지적했듯이 2017년 체제가 만들어질 것인가는 우리의 실천에 달려 있다.

2. 2017년 체제를 향하여: 박정희, 87년, 97년 체제를 넘어서

본격적으로, 우리는 어디로 가야 하는 것인가? 그 답은 촛불 속에 있다. 정유라의 생각처럼 "돈 많은 부모 둔 것도 실력"인 사회가 아니라 광화문 촛불현장에 붙은 한 소녀의 포스트잇처럼 "누구보다도 더 열심히 일하는 부모님이 가난하다는 이유로 자식들에게 미안해하지 않아도 되는 사회"가 우리가 가야할 목표이다. 진주 촛불집회에 참석해 자유발언을 한 10대 여성은 그 어느 정치학자, 사회과학자보다 더 탁월하게 우리의 현실과 나아가야 할 방향, 즉 2017년 체제가 갖추어야 할 핵심을 이야기해 주고 있다.

> 저는 박근혜와 최순실로 인해 민주주의가 주목되어 기쁩니다. 하지만 또 한편으로는 박근혜의 하야만이 민주주의의 실현이라 이야기하는 것이 슬픕니다. (중략) 저에게는 가부장적이고 폭력적인 아버지가 있습니다. 제가 다닌 초중고등학교에는 반 전체 학생들의 이야기가 아니라 친한 친구들의 의견만 듣는 반장들이 있습니다. 제가 아르바이트를 했던 직장에는 노동자들과 노동법보다 돈과 상품을 우선시하는 사장이 있었습니다. (중략) 그들은 박근혜, 최순실이 시키지도 않았는데, 사람답게 행동할 수 있었는데 그러지 않았습니다. 내 안의 박근혜를 발견하고 내 옆의 최순실에 분노했으면 좋겠

습니다. 사람을 돈이나 자신의 소유물로 보지 않고, 사람을 돈과 이익으로 환산하지 않고, 독립적인 존재로 보는 세상이 됐으면 좋겠습니다. 어쩔 수 없는 경쟁 속에서 남을 밟고 올라서야만 내가 살아남을 수 있는 것이 아니라, 우리가 함께 살아가는 존재라고, 사람답게 살 세상을 함께 만들어 갔으면 좋겠습니다.

결국 우리가 가야 할 곳은 "인간이 인간답게 살 수 있고, 인갑답게 대접받는 사회"이다. 과연 우리가 살고 있는 자본주의라는 사회에서 그것이 가능한 것인가는 의문이다. 즉 인간을 이윤의 도구가 아니라 하나의 인간으로 대접한다는 것이 (마르크스가 잘 분석했듯이) 이익의 극대화를 "갈구하는 무제한적, 맹목적 충동, 그 늑대 같은 갈망"(Marx, 1967: 264-265)에 의해 움직이는 자본주의에서 과연 가능한 것인지 회의가 든다. 그러나 우리 사회가, 그리고 촛불시민들이 단순히 정권교체를 넘어서 보다 근본적인 체제의 변화를 요구하고 있기는 하지만 현 국면에서 자본주의를 넘어서는 '탈자본주의'(포스트자본주의)를 생각하는 것은 여러 면에서 불가능하다고 할 수 있다.

따라서 탈자본주의라는 중장기적인 세계사적 과제와는 별개로, 2017년 체제에서는 최소한 아직도 초보수준에 그치고 있는 정치적 민주주의를 발전시키고 야만적 신자유주의를 넘어서 복지사회, 북유럽과 같은 '복지자본주의'로 나가는 것이 필요하다. 이 글은 바로 이 문제를 박근혜게이트와 관련시켜 구체적으로 살펴보고자 한다. 다시 말해, 이 문제를 촛불시민들이 요구하고 있는 과제들, 즉 박근혜게이트 속에 숨겨진 박근혜정부와 우리 사회의 '적폐의 청산'이 과제라는 측면에서 살펴보고자 한다. 한마디로, 박근혜게이트를 통해 우리가 나가야 할 방향을 제시해 보는 것이 이 장의 목적이다.

앞 장에서 이미 지적했듯이, 박근혜게이트에는 세 층위가 작동하고 있다. 가장 표층인 '사건사'적인 면에는 박정희체제(유신체제)와 최태민으로부터 이어진 '유사샤머니즘'적 '고조선체제'가 자리 잡고 있다. 중간수준에는 제왕적 대통령제와 '불완전한 민주화'라는 87년 헌법과 87년의 정치, 즉 87년 헌정체제가 작동하고 있다. 그리고 가장 깊은 심층에는 단순한 정치적 권력남용을 넘어서 헬조선, 흙수저 신분세습사회에 대한 대중의 분노가 자리 잡고 있다. 즉 가장 깊은 곳에는 무한경쟁의 신자유주의체제인 97년 체제가 자리 잡고 있다. 우리가 무엇을 할 것인가를 이 세 수준에 맞추어 이야기하고자 한다.

가. '박정희체제'를 넘어서

표층인 박근혜게이트 수준에서 촛불혁명이 가야할 방향은 탄핵을 완결하고 박근혜정부의 '적폐'를 청산하는 것이다. 박근혜의 탄핵이 가결되었지만 국민의 70% 이상이 박근혜의 조기퇴진을 바라고 있다. 그러나 아직도 헌법재판소의 판결이 남아있다(독자들이 이 책을 읽을 때는 헌법재판소의 탄핵인용으로 박근혜가 최종적으로 탄핵되었을 것으로 믿는다). 국민들이 저항권을 발동한 시민혁명은 이미 시작됐고 남은 것은 영국의 명예혁명과 같은 무혈혁명으로 끝날 것인가, 아니면 4.19학생혁명이나 프랑스혁명처럼 '유혈혁명'으로 전환할 것인가이다. 헌재가 민의를 저버리고 반역사적 판결을 할 경우 국민들은 합법적 수단이 다 소진한 만큼 정당한 저항권에 기초해 헌재까지도 탄핵하고 물리적 방법을 통해서라도 박근혜를 퇴진시킬 것이다.

참고적으로, 현대 민주주의에서 인정하고 있고 독일헌법 등에 명시되어 있는 저항권은 정부가 헌법을 현저하게 침해하고 이를 교정할 수 있는 합법적 수단이 다 소진한 경우 최후의 수단으로 행사할 수 있다는 것이 정설이다. 박근혜는 우리의 헌법을 현저히게 침해했기 때문에 헌법재판소가 기각판결을 내린다면 이를 바로잡을 수 있는 합법적 수단이 소진되어 저항권을 행사할 수 있는 조건이 충족되는 것이다. 물론 우리의 헌법의 경우 독일처럼 저항권을 명시하고 있지 않지만 저항권은 명시하지 않아도 내재되어 있는 것으로 보아야 한다는 것이 정설이다. 나아가 헌법전문에 있는 "불의에 항거한 4.19 민주이념을 계승하고"라는 문구에서 저항권의 헌법적 근거를 찾을 수 있다.

'적폐 청산'은 '인적 청산'과 '정책 청산'으로 나눠 볼 수 있다. 현재 특검이 이루어지고 있지만 이를 넘어 여러 분야의 국정농단과 탄압 등에 대한 조사와 개혁, 그리고 관련자들에 대한 청산이 이루어져야 한다. 세월호 4.16연대, 민주노총, 참여연대, 교수연구자비상시국회의(민주화를 위한 전국교수협의회 등 교수연구자단체들로 구성된), 학생단체, 청소년단체등 전국 2300개 시민사회단체들이 밑으로부터 조직해 촛불집회를 '주도'하고 있는 박근혜정권퇴진 비상국민행동(퇴진행동)은 세월호 진상규명, 농민 백남기사망사건 특검, 국정교과서 중단, 언론독립, 성과퇴출제 중단, 사드배치 중단을 적폐청산 6대 과제로 선정했다.

너무도 안타까운 목숨을 잃으면서 무능하고 한심한 대응에 "이게 과연 나라인가" 되묻게 만든 세월호의 비극으로부터 공권력 남용의 상징인 백남기 사건, 대한민국을 북한과 아프리카수준으로 되돌리려는 역사교과서의 국정교과서화, 정권의 주구로 전락한 공영방송들, 이미 한계를 넘어선 노동자들의 삶을 더욱 옥죄려는 성과퇴출제, 21세기 동북아의 미래를 신냉전으로 몰고 가고 있는 사드 등 어느 하나 중요하지 않은 것이 없다. 그러나 여기에서는 지면관계상 한 문제만 간단히 짚고 넘어가고자 한다. 그것은 대한민국, 나아가 동북아의 미래가 걸린 중요한 문제인 사드문제이다.

필자의 전공이 국제정치가 아니지만 너무도 중요한 문제라 우리의 미래를 이야기하면서 이를 피해 갈 수가 없다. 우선 사드는 단순한 무기배치의 문제가 아니다. 이는 현재의 패권국가인 미국과 하위동맹자인 일본의 연합 대 새로 부상하는 중국 간에 벌어질 21세기 세계패권전쟁(오기평, 2000)에서 우리가 누구 편에 설 것인가를 결정할 중요한 문제이다.[1] 게다가 중국에 이어 러시아까지도 사드 배치 시 한국에 대해 "일정한 조치를 취할 수밖에 없다"고 경고하고 나섰다(《뷰스앤 뉴스》, 2017년 2월 3일자). 따라서 우리가 미-일동맹 편에 서고 사드를 배치하더라도 이에 대한 국회 등 정치권과 시민사회에서 충분한 논의를 거쳐 국민적 합의를 만들어낸 뒤 설치해야 한다. 그러나 박근혜정부의 사드 배치는 개그맨 김제동 수준에도 못 미치고 있다. 김제동은 중국에게 "우리가 사드 배치하는 것은 너희가 아니라 북핵을 견제하기 위한 것이니 사드가 싫으면 너희가 일 년 내에 북한을 설득해 북핵을 중단시켜라.

1 많은 사람들이 주목하고 않고 있지만 이 같은 대립구도에서 우리가 미국편에 서게 만든 중요한 사건은 노무현정부가 의식했는지 모르지만 노무현정부가 반대하는 대추리 농민들과 평화운동세력을 짓밟고 강행한 주한미군기지 평택 이전이라고 나는 생각한다. 만일 주한미군이 중국이 아니고 북한을 견제하기 위한 것이라면 왜 하필 중국을 마주보고 있는 평택인가?

안 그러면 일 년 뒤 우리는 사드를 설치할 수밖에 없다"고 이야기해야 한다고 주장했다.

박근혜정부의 일방적인 사드배치 결정은 우리의 대의민주주의가 (대통령이 우리의 민의를 대의하는) '대의'(representation)인가, 아니면 (일단 대통령을 뽑았으면 모든 권한을 위임한) '위임'(delegation)인가라는 문제를 제기한다. 결국 우리가 위임이라는 입장을 취하게 되면 우리의 민주주의는 앞에서 비판한 위임민주주의가 되고 만다. 박근혜는 자신이 정당한 절차를 통해 당선되었으니 이를 강행할 권리가 있다고 주장할지 모른다. 그러나 이처럼 중요한 사항은 그렇지 않다. 게다가 박근혜는 대선과정에서 사드 설치를 공약으로 내걸어 승리한 것도 아니다. 반면에 노무현정부는 선거공약으로 행정수도를 충남으로 이전하겠다고 공약하고 당선이 됐다. 그러나 새누리당(자유한국당)과 보수세력은 이것은 "국민투표가 필요한 중대사안"이라고 주장하며 반대했다.

직접 선거공약으로 내걸어서 승리한 행정수도이전도 대통령에게 위임된 권한이 아니라 직접 국민에게 물어야 할 직접민주주의 사안이라고 주장했던 보수세력이 선거공약에도 없었던 사드가 위임사항이라고 주장하고 있는 것이다.[2] 따라서 최고의 군사전문가인 정의당 김종대 의원 등이 정부에 대해 사드배치 비준동의서를 국회에 제출해 국회심의절차를 거치라고 요구한 것은 차라리 뒤늦은 것이다(《중앙일보》, 2017년 1월 17일).

---

2 이에 관한 한 자유주의 세력도 일관성이 없기는 마찬가지다. 노무현정부와 열린우리당은 행정수도이전에 대한 국민투표 요구를 대통령선거 공약으로 승리했으니 불필요하다고 일축했다. 그러나 이명박이 4대강사업을 공약으로 내걸고 당선된 뒤 이를 추진하자 국민투표를 해야 한다고 주장했다.

그뿐이 아니다. 사드는 가장 중요한 수도권 방위에 아무 효과가 없어 북핵 방어무기로 무력하다는 문제가 있고(《한겨레》, 2016. 7. 14) 사드 발표 직전에 미국의 거대무기제작사인 록히드 마틴 고위층들이 한국을 잇따라 방문한 바 있고 사드배치 결정에 비선실세가 개입했다는 의혹까지 제기되고 있다(《중앙일보》 2016. 10. 31).

사실 사드는 한반도에 배치하지 말아야 할 무기를 넘어서 지구상에 있어서는 안 되는 무기이다. 냉전시기 미국과 소련은 치열한 핵무기 경쟁을 했다. 그러나 핵전쟁은 일어나지 않았다. 그 이유는 무엇인가? 그것은 흔히 '공포의 균형'이라고 부르는 현상 때문이다(Gallois, 1961). 핵전쟁은 전통적 전쟁과 달리 승자가 없는 전쟁이다. 핵공격을 할 경우 상대방이 핵 반격을 할 것이고 그러면 적뿐 아니라 우리도 전멸하게 된다. 이 같은 공포의 균형이 핵전쟁을 제어한다는 것이다. 그러나 여기에는 중요한 전제가 있다. 그것은 방어용 무기는 만들지 않는다는 것이다. 방어무기를 만들 경우 "적은 파멸시키면서 나는 파멸을 피할 수 있기 때문"에 핵공격을 할 유혹에 빠지게 된다. 따라서 핵전쟁이 안 일어나기 위해서는 MAD가 있어야 한다. MAD는 미친 것이 아니라 Mutually Assured Destruction('전멸에 대한 상호확신')의 준말이다.

문제는 1980년대 들어 생겨났다. 미국과 소련이 지구를 수천 번 부술 수 있는 핵무기를 비축하면서 미국군수산업은 더 이상 핵무기로 돈을 벌 기회가 없어졌다. 그래서 레이건을 설득해 개발하기 시작한 것이 스타워스라는 방어무기 시스템이다. 이로써 공포의 균형은 깨어지고 말았다. 지구를 핵전쟁으로부터 지키기 위해서는 공포의 균형을 유지해야 하며, 그러려면 핵에 대한 방어용무기는 만들지 말아야 한다.

사드 등 퇴진행동이 적폐청산 대상으로 선정한 6대 과제 이외에도 청산할 일은 많다. 이미 밝혀진 예술계 블랙리스트뿐만이 아니라 학계 등 각 분야의 블랙리스트의 존재와 작성과정, 공영방송의 파괴과정을 조사해야 한다. 교육부와 연구재단에 대해 이화여대의 정유라 관련 사업과 영남대 새마을 운동 지원 사업 등 '박근혜-최순실사업'에 대해, 그리고 문화계에 비추어 볼 때 분명히 존재할 것으로 보이는 연구지원 배제용 블랙리스트에 대해서도 조사를 해야 한다. 재벌과 박근혜정부와의 유착관계에 대해 철저히 파헤치고 사법적 처리를 해야 한다. 한상균 민주노총 위원장 등 박근혜정부에 의해 부당하게 투옥된 노동운동가들과 양심수들의 석방을 관철시켜야 한다. 한마디로, 박근혜의 어록을 빌리자면, '비정상의 정상화'를 이루어야 한다.

반드시 짚고 넘어가야 하는 것이 검찰이다. 박근혜정부, 특히 십상시사건과 박근혜게이트에서 검찰이 보여준 행태는 검찰의 민주화, 검찰에 대한 민주적, 사회적 통제 없이는 의미 있는 민주화는 불가능하다는 것을 만천하에 보여주었다. 과거에는 국정원 등 여러 정보기관을 정권유지와 민중탄압에 이용했지만 그것이 어려워지면서 공개된 사정기관인 검찰의 중요성이 그 어느 때보다도 커지고 있다. 따라서 이번 기회에 시민대표, 변호사대표 등이 검찰을 감독, 감시하는 가칭 '검찰위원회'를 만들어 검찰이 더 이상 정권의 주구로 전락하는 것을 막아야 한다.

사실 미국에서도 검찰 때문에 유권자들이 정치를 지배하던 선거정치의 시대가 끝났다는 비판이 나오고 있다. 클린턴 대통령에 대한 섹스게이트와 같은 정치스캔들이 보여주듯이 선출되지 않은 권력인 검찰, 언론이 정치스캔들 폭로와 수사를 통해 유권자대신 정치를 지배함으로써 유권자와 민의가 그 힘을 잃어버린 '포스트선거정치(postelectoral politics) 시대'에 들어섰다는 비판이다(Ginsberg at al., 2002).

이와 관련, 주목할 것은 흔히 우리가 '3권 분립'이라고 부르는 국가장치, 즉 입법, 행정, 사법부 중 사법부만이 선거에 의한 뽑지 않고 임명직이라는 사실이다. 그리고 이들이 법적인 최고결정인 위헌심사권을 갖고 있다. 이는 미국의 '건국의 아버지들'이 잘 밝히고 있듯이 선거에 의해 선출되지 않는 사법부만이 "우매하고 가난한 다수 민중의 선거전제정"으로부터 기득권체제를 지키기 위한 최후의 보루이기 때문이다(Hamilton et al., 2003).

우리의 경우도 역대정권의 경제정책 중 가장 진보적인 정책인(노대통령, 즉 노무현이 아니고 노태우대통령이 만든) 토지공개념 정책(주택택지상한면적을 정하고 토지개발에 의한 불로소득을 중과세로 환수하고 재벌의 비업무용 부동산을 강제매각토록 하는)도 헌법재판소에 의해 위헌판결을 받고 사라지고 말았다(손호철, 1991). 사실 최근 재벌총수들에 대한 법원의 구속영장 기각이 연이어 일어나고 있다. 아니 촛불혁명 하에서도 법원은 최순실에게 거액의 뇌물을 준 재벌총수에 대한 구속영장을 '생활환경과 거주환경' 등을 이유로 기각했다. 따라서 기득권세력의 최후의 보루인 법원도 시민통제 하에 두어야 한다. 나아가 검찰, 판사 등 사법부와 지방경찰청장 등도 외국처럼 선거에 의해 국민들이 선출하게 해야 한다. 현대 민주주의는 '어디까지 우리가 투표권을 행사하느냐'에 따

라 '민주화의 정도'가 좌우된다.[3]

나. 87년 헌정체제를 넘어서

우리의 미래와 관련해 피할 수 없는 문제는 '제왕적 대통령제' 내지(선거만 끝나면 모든 권력이 통치자에게 위임되는) '위임민주주의'(delegative democracy)'(O'Donnell, 1994) 등 불완전한 민주화와 관련된 87년 헌정체제의 극복, 즉 개헌이다. 현재가 개헌을 할 시점인가에 대해서는 부정적인 견해가 지배적이다. 즉 "지금은 개헌이 아니라 박근혜 적폐청산 등 개혁을 할 때"라는 것이 다수 여론이다. 또 현재 개헌을 얘기하는 세력들은 대한민국의 미래를 위해 모든 악의 근원인 제왕적 대통령제를 바꿔야 한다는 명분을 내세우고 있지만 사실은 다들 정략적 목적에서 개헌을 주장하고 있다. 다시 말해, 대통령이 될 가능성이 없거나 희박한 루저들이 개헌을 주장하고 있다. 정치권의 개헌연대란 '루저 연합'에 다름 아니다.

우려되는 것은(반기문의 불출마선언으로 그 파괴력이 약화됐지만) 탄핵과 탈당으로 어느 정도 면죄부를 받은 비박(바른정당)과 안철수의 국민의당, 김종인 등 더불어민주당의 비문세력 등이 연대해 정계개편과 개헌을 추진하는 것이다. 이럴 경우 해방정국의 농지개혁, 87년 6월항쟁 당시의 전두환·노태우의 6.29선언(국민들의 직선제 개헌요구를 수용한)같이 밑으로부터의 혁명적 요구를 '위로부터의 개혁'으로 흡수해버리는, 그람시 용어로 (유사)'수동혁명'(passive revolution)으로 귀결되는 것

3 궁극적으로는 가장도, 회사의 사장도 투표로 선출할 수 있어야 한다.

이 아닌가하는 우려이다(Gramsci, 1971; Sassoon, 1982: 127-149). 이럴 경우 70년만의 적폐청산과 제대로 된 정권교체의 기회는 물 건너가 버리고 말 가능성이 크다.

그러나 이 같은 우려에도 불구하고 이제 광장은, 촛불은 이 문제를 피할 수 없다. 이는 우리의 현실이 단순한 박근혜게이트의 청산을 넘어서 '민주·평등·연대에 기초한 새로운 공화국'에 대해 고민하고 구상하게 만들고 있기 때문이다. 헬조선을 넘어서는 새로운 공화국, "열심히 일하는 부모들이 가난하다는 이유로 자식에게 부끄러워해야 하지 않아도 되는 새로운 나라"를 만들기 위해, 현재의 광장을 일종의 '제헌의회'로 발전시켜야 한다. 우리가 만들어야 하는 것은 정치권이 주장하듯이 제 7공화국이 아니라 진정한 시민들의 바람에 기초한 '제 2공화국'이다.

따라서 개헌이 아니라 '새로운 공화국의 구성'이라는 시각에서 기본권으로부터 정부형태 등 이 문제를 고민하고 논의해 나가야 한다. 이제 "대선 이후 국회에서 차분하게 개헌을 논의하자"는 주장에 넘어가서는 안 된다. 설사 개헌은 대선 이후에 하더라도 새로운 공화국에 대한 구상은 당장 광장이 만든 뒤 정치권에 이에 대한 개헌약속을 받아놓아 이를 강제해야 한다. 대선 이후 개헌을 논의할 경우 과거와 마찬가지로 개헌은 정치권의 '그들만의 리그'의 개헌이 될 것이 자명하기 때문이다. 새로운 공화국의 구체적인 내용은 학자들이나 전문가들만이 아니라 일반대중의 참여 속에 가능한 범위 내에서 직접민주주의 방식으로 채워져야 한다. 다만 그 방향은 우선 몇 가지가 떠오른다.

첫째, 소수자 권리 등 87년 이후의 변화를 감안한 기본권의 업데이트와 강화이다. 특히 87년 이후 부각된 푸코류의 '일상성의 민주주의'(Foucault, 1980)와 관련하여 성소수자 등 소수자의 권리가 강화되어야 한다. 사상의 자유와 같은 제 1세대 인권(자유권), 생존권 등 사회권이라는 제 2세대 인권에 이어서 새롭게 부상하고 있는 문화권, 연대권 등 '제 3세대 인권'(Ishay, 2004: Ch. 4)을 보강해야 한다, 날로 심각해지는 생태문제, 생태주의 등을 고려 할 때, 인권을 넘어 새롭게 부상하고 있는 동물권 등 모든 생명의 생명권, '자연권(Rights of Nature)' 문제에 대한 보완이 필요하다(Singer, 2001). 2008년 에콰도르는 세계 최초로 헌법에 자연은 그 모든 생명의 형태를 통해 존재하고, 유지하고, 그 삶의 주기를 재생산할 고유한 권리를 갖는다는 자연권을 명시했다.

둘째, 내각책임제, 집중화된 중앙정부의 권력을 지방정부에 권력을 대폭 양도하는 '남한연방제' 등 권력집중을 개선할 수 있는 정부형태에 대한 고민이다. 이와 관련, 권력분산의 문제를 내각제 등 전자의 문제만 고민하고 있지만 이에 못지않게 중요한 것은 후자이다. 중앙정부 내에서의 권력배분이란 문제와 중앙정부와 지방정부의 관계라는 두 문제를 정식화하면 다음과 같다.

표 1. 정부형태들

	권력집중	분산
중앙집중	대통령제 단방제(unitary system)－한국	내각제 단방제－스웨덴, 일본
지방분산	대통령제 연방제－미국	내각제 연방제－독일, 스위스 등

이 중 '남한연방제'라는 문제의식에 대해 이야기하자면 이는 세 가지 점에서 장점이 크다(손호철, 1999: 319-336).[4] 첫째, 외교안보 이외의 권한을 최대한 지방으로 분산시킴으로써 권력분산에 도움을 줄 것이다. 둘째, 집중된 중앙권력을 놓고 벌어지는 지역주의 완화에도 도움이 될 것이다. 지금은 썩은 정치인도 중앙에 내보내 중앙권력을 경쟁하기 위해 '울며 겨자 먹기'로 찍어야 한다면 연방제하에서는 그럴 필요가 없다. 썩은 정치인을 뽑으면 당할 사람은 자기 지역민밖에 없다. 따라서 지역 간에 올바른 지방자치를 위한 선의의 경쟁이 일어날 것이다. 셋째, 이제 "국민국가는 환경 등 큰 문제를 해결하기에는 너무 작고 우리 주변의 작은 문제를 해결하기에는 너무 크다"는 문제의식(Jessop, 1994)에서 세계화(globalization)와 지방화(localization)가 결합한 '세방화'(glocalization)가 세계적 추세이다. 남한연방제는 이 같은 추세와 부합한다. 마지막으로, 어차피 이질적 체제가 공존해야 하는 남북통일의 준비작업으로서도 의미가 크다.

내각책임제 문제에 대해서도 한 마디 하고자 한다. 나는 오랫동안 내각제에 비판적 시각을 가지고 있었다(손호철, 1999: 327-331). "대통령제가 우리에게 미국식 정치가 아니라 남미식 정치를 가져다 줬다면 내각제는 우리에게 유럽식 정치가 아니라 일본식 정치를 가져다 줄 것"이기 때문이다. 즉 유럽과 같이 근대적인 대중정당이 아니라 소수 보스가 정당을 좌우하는 사당정치가 지배하는 한국정치에서 내각제는 보스정

4 나의 이 같은 남한연방제는 재미있게도 이회창 자유선진당총재가 2008년 주장하고 나서 화제가 됐다("이회창, 강소국연방제 위해 개헌 선행해야", 《연합뉴스》, 2008년 10월 06일자).

치의 영속화를 가져올 것이 자명하다. 그러나 대통령제의 폐해가 극심하고 3김과 같은 보스가 사라진 정치상황을 고려할 때 대통령제와 소선거구제를 축으로 하는 승자독식의 다수결 민주주의 대신 여러 세력이 권력을 나누어 가지고 협의를 통해 합의를 만들어가는 유럽식의 비례대표제(특히 독일식 연동형 비례대표제)와 내각제라는 합의민주주의, 협의민주주의 체제(Lijpart, 1984; Linz, 1994)를 심각하게 고려할 때가 된 것이 아닌가 싶다. 설사 대통령제를 유지한다고 하더라도 지금과 같은 다당체제는 여당이 여소야대의 국회에 발목이 잡힐 수밖에 없다는 점에서 이 같은 합의민주주의로의 변화를 불가피하게 만들고 있다. 아니면 대통령은 대외적 권한을 갖고 총리는 내치를 담당하는 이원집정부제도 대안일 수 있다.

셋째, 민선공직자에 대한 국민소환제 강화, 시민발안제 등 고장 난 대의민주주의를 근본적으로 수술하기 위해서 직접민주주의를 극대화해야 한다.[5] "국민들이 선거 날만 주인이 되고 투표가 끝나면 다시 노예로 돌아가는 제도". 사회계약론으로 유명한 18세기의 철학자 장 자크 루소는 현대정치, 현대 민주주의를 대표하는 대의민주주의를 이렇게 정의한 바 있다(Rousseau, 1967: 99-100). 2012년 12월 19일 우리는 주권자로서 한 표를 던졌다. 그러나 그 이후 지난 4년여 기간 동안, 다른 후보를 찍은 사람들은 말할 것도 없고 박근혜를 찍은 사람들까지, 온 국민은 박근혜의, 아니 최순실의 노예에 불과했음이 만천하에 드러나고 있다.

5 이 부분은 손호철, 2017c를 발전시킨 것이다.

어디 그뿐인가? 국회는 어떠한가? 새누리당(자유한국당)은 말할 것도 없고 자유주의 야당들 역시 분노의 촛불이 광화문 등 전국의 광장에 넘쳐나기 전까지는 기껏해야 '질서 있는 퇴진', '명예로운 퇴진'과 같은 한가한 소리만 하고 있었다. 한마디로, 국회는 자신들이 대표해야 할 주권자들인 국민의 민의로부터 멀리 떨어져 있기만 했다. 이 같은 국회를 탄핵으로 몰고 간 것은 광장의 힘, 광장에 모인 천만 개의 촛불의 힘이었다.

이와 관련, 주목할 것은 10.26 이후의 상황이다. 10.26 당시 김재규의 영웅적인 거사에도 불구하고 전두환이 김재규를 체포하고 12.12 군사쿠데타를 일으키면서 우리 사회는 김재규가 꿈꾸었던 것과는 달리 계속 최소한의 자유도 억압되는 '박정희 없는 박정희체제', '박정희 없는 유신체제'라는 비극을 경험해야 했다. 그리고 전두환은 이 '박정희 없는 유신체제'를 끝장내려는 학생들과 시민들의 저항을 5.18학살을 통해 무참하게 짓밟고 대통령자리에 올랐다. 그렇다면 지금의 상황은 어떠한가? 한마디로 국회가 압도적인 표차로 박근혜의 탄핵을 가결했고, 국민의 70% 이상이 헌재판결이전의 박근혜 퇴진을 요구하고 있음에도 불구하고, 박근혜의 수족들이 핵심부서에 그대로 앉아 박근혜표 정책(최순실 정책일 가능성을 배제할 수 없는)을 계속 국민들에게 강제하는 '박근혜 없는 박근혜체제'가 자리 잡고 있다(이에 대해서는 손호철, 2017a).

그 핵심에는 수많은 결격사유에도 불구하고 탄핵을 받은 박근혜가 간택하고(아니 최순실이 간택했을 가능성이 적지 않고) 법무부장관과 총리에 임명한 황교안권한대행이 자리 잡고 있다. 뉴라이트 전국연합상임

대표였고 이명박정부에서 법제처장을 지낸 보수성향의 헌법전문가인 이석연전법제처장이 《경향신문》 인터뷰(2016년 12월 18일자)에서 잘 정리해 주었듯이 황대행의 권한은 국가의 최소한의 기능을 유지하는 것이고 긴급한 현안은 국회와 협의해 추진해야 한다. 다시 말해, 박근혜정부의 정책기조는 탄핵에 의해 무너졌음으로 이를 계속 유지하고 추진하는 것은 잘못된 것이다. 그러나 황대행은 과잉의전, 인사권행사 등 '대통령 코스프레'는 말할 것도 없고 사드배치와 국정교과서 등 야당과 시민사회가 반대해왔고 퇴진행동과 광장이 청산해야 할 박근혜정부의 6대 적폐로 선정한 박근혜 정책들을 계속 추진하고 있다.

국회, 특히 야당은 황교안대행에 대해 최소한의 국가기능유지 이외에는 국정교과서, 사드배치 같은 박근혜 정책들을 즉각 중단하도록 요구해야 한다. 이 같은 요구에도 불구하고 박근혜 정책을 계속 고집할 경우 그도 직권남용으로 탄핵하겠다고 경고해야 한다. 국민들이 바라는 것은 탄핵당한 박근혜에 의해 임명된 박근혜의 수족들에 의해 박근혜 정책이 지속되는 '박근혜 없는 박근혜체제'가 아니다. 10.26에도 불구하고 전두환 같은 정치군인들에 의해 강제된 '박정희 없는 박정희체제'라는 비극에 이어서 반복되고 있는 '박근혜 없는 박근혜체제'라는 희극은 이제 끝내야 한다.

이처럼 박근혜게이트, 그리고 이에 대한 국회와 정치권의 대응은 우리로 하여금 대의민주주의에 대해 근본적으로 다시 생각하게 만들고 있다. 인류는 민주주의의 효시인 그리스 아고라(광장)의 직접민주주의의 아름다운 전통을 갖고 있다(물론 이것은 까뮈가 잘 지적했듯이, 노예제가 있었기에 가능했지만). 나아가 마르크스주의 같은 급진적 사상은 오랫동안 부르주아민주주의의 대의민주주의를 비판하고 직접민주주의를 주장해왔다. 마르크스는 대의제에 대해 "3년이나 6년에 한 번씩 지배계급의 구성원 중 누가 의회를 통해 인민을 호도할 것인가는 결정하는" 제도(Marx, 1986: 333)라고 비판하며 노동자들의 직접민주주의에 기초한 파리코뮌을 대안으로 제시했다(Marx, 1986: 330-331).[6] 그리고 소련동구 등은 이 같은 직접민주주의를 적용한 '소비에트민주주의'를 실험해 왔다.[7] 그러나 인구가 증가하고 현대사회가 복잡해지면서, 나아가 소련동구의 '현존 사회주의'의 실험이 참담하게 실패하면서, 대의민주주의는 '현대정치의 유일한 대안'으로 간주되어 왔다.

물론 최근 들어 문학의 '재현(representation)' 논쟁이 불붙고(강내희, 2000) 인터넷의 발달 등으로 직접민주주의의 가능성이 커지면서 대의민주주의에 대한 비판적 재평가가 간헐적으로 진행되어 온 것은 사실이다.[8] re-presentation이 re때문에 불가피하게 대상을 '있는 그대로' presentation 할 수 없듯이 '대의'는 불가피하게 민의의 왜곡을 가져올 수밖에 없다. 특히 제 3세계의 대의민주주의의 경우 위에서 지적했듯이 통치자가 민주적 선거에 의해 선출되지만 선거만 끝나면 모든 권력이 통치자 1인에게 위임되는 '위임민주주의'로 전락하고 말았다는 비판을 받아왔다. 그러나 박근혜게이트는 이 같은 부분적 재평가를 넘어서 대의민주주의 자체에 대해 전면적으로 다시 생각해보도록 만

---

6 파리코뮌 당시 노동자들의 직접민주주의와 부르주아의 대의민주주의의 대립에 대해서는 Germain, 1949, 104-109.

7 러시아혁명 직후의 소비에트민주주의의 실험과 실패에 대해서는 Farber, 1990.

8 현대적인 직접민주주의 실험에 대해서는 Smith, 2009.

들고 있다.

촛불혁명을, 광장을 주목해야 하는 진정한 이유는 바로 여기에 있다. 촛불을, 광장을 주목해야 하는 진정한 이유는 단순히 박근혜를 몰아낼, 아니 이미 몰아낸 힘이 거기서 나왔기 때문만은 아니다. 대의민주주의를 넘어서는 새로운 계기와 가능성들을 이것들이 제공하고 있기 때문이다. 다시 말해, 박근혜 이후에 우리가 만들어야하는 '새로운 공화국'의 단초들을 그 속에서 발견할 수 있기 때문이다.

이미 지적했듯이, 광장은 박근혜게이트와 정치권의 무기력한 눈치보기에 분노한 2300개 시민사회단체들이 밑으로부터 퇴진운동조직(퇴진행동)을 만들면서 조직화됐다. 그러나 광장을 메우고 있는 것은 일반시민, 촛불시민들(한 시민운동가의 표현을 빌리자면 '자유로우면서 위태로운 시민들')이다. 구체적으로, 2300개 조직의 조직화된 참여자는 20만 명 수준으로 90%는 일반시민이라는 것이 퇴진행동 실무자들의 관측이다. 바로 이들의 힘이 주저하는 야권과 비박을 견인해 탄핵발의를 강제한 것이다. 직접민주주의가 폭발한 것이다.

하나 더 주목할 것은 '운동 내에서의 직접민주주의'이다. 우선 집회에서 정치인들에게 발언권을 주지 않을 뿐더러 운동권의 '단상권력'도 약화됐다. 구체적으로, 주요 단체들의 대표들이 단상에 포진하고 의례적으로 발언을 독과점하는 '광장 내의 대의제', '운동 내의 대의제'('계몽된 전위'가 '우매한 대중'을 대신하여 투쟁을 주도하는 '대리주의'[substitutionalism][9])가 약화되고 참가자들이 자유롭게 발언권을 갖는 직

9 이는 레닌의 전위당 이론으로 대표된다(Lenin, 1975).

접민주주의 계기들이 강화되고 있다. 하다못해 도올 김용옥이 광화문 주말 촛불집회에서 마이크를 잡고 대중을 가르치는 식의 강의를 늘어놓고 '꼰대 폼'을 잡다가 적지 않은 대중으로부터 외면을 받고 사회자에 의해 쫓겨나듯 내려와야 했다. 일부 운동권의 돌출적 행동에 대해서도 오히려 대중들이 나서서 이들을 비판하고 규율하고 있다(물론 아직도 운동 내의 대의제 사라진 것은 아니고 여전히 광장의 큰 틀을 좌우하는 것은 조직화된 사회단체들이다).

문제는 어떻게 하면 이 같은 직접민주주의의 계기들을 극대화하고 우리가 새로 건설할 '새로운 공화국'의 핵심구성요소로 자리매김할 것인가이다. 우리가 완전한 직접민주주의로 나갈 수는 없지만 직접민주주의 기제들을 극대화해야 한다. 중요한 과오를 저지른 공직자에 대한 국민소환제의 대상을 대폭 확대해야 한다. 국민, 시민들이 직접 안건을 발의하고 국민, 시민들이 투표로 결정하는 시민발안제를 확대해야 한다. 미국의 경우 선거 때면 수많은 법안들에 대한 주민투표로 투표용지가 수십 장이 된다. 최근 캘리포니아주는 캘리포니아의 중요한 밥줄인 헐리우드의 포르노영화 촬영 시 콘돔 착용을 의무화하는 법안을 시민들이 발안해 주민투표에 붙인 바 있다. 브라질의 포트 알레그로시에서 실험했듯이, 정부의 예산 심의에 주민들이 직접 참여하는 주민 참여예산제를 도입해야 한다(Wampler, 2007). 그래야 몇몇 관리들의 장난으로 불필요한 경전철을 설치해 시를 제정파탄으로 몰고 간 용인시 같은 사태를 막을 수 있다.

넷째, 민의를 제대로 반영하지 못하게 만드는 반민주적인 선거제도를 개혁해 대의민주주의를 바로잡아야 한다. 대중은, 시민은 위대하다. 그러나 촛불은, 광장은, 역사의 '광기의 순간'은 영원히 지속될 수 없다. 대의민주주의가 문제가 많지만 이를 폐지하고 완전히 직접민주주의로 대신할 수는 없다. 어쩌면 개헌보다 더 주요한 것은 반민주적인 선거제도를 개혁하는 것이다. 이는 구체적으로 세 가지 방향으로 나가야 한다.

경제개발협력기구(OECD) 국가 중 유일하게 19세인 투표권 나이도 글로벌 스탠다드인 18세로 낮추고, 대통령의 대표성과 정통성을 강화하기 위해 결선투표제를 도입하는 한편, 표의 등가성을 파괴하고 사실상의 보수독점정치를 영속화시키는 선거제도를 비례대표를 강화하고 득표율과 의석수를 연동시켜 사표를 극소화시킨 연동형 비례대표제로 개혁해야 한다. 참여연대 등 시민사회단체들도 이 같은 개혁을 촉구하고 나선 바, 지금이 촛불의 열기로 이 같은 정치개혁을 하기에 가장 적합한 시기이다. 새누리당(자유한국당)의 분당으로 1여 4야의 구조가 형성된 것도 마지막 칼자루를 쥔 정치권도 이에 호응할 수 있는 최적의 조건이다.

이번 촛불의 중심세력 중 하나는 중고등학교 학생들이고 이들은 자유발언 등을 통해 놀라운 정치의식을 보여주었다. 따라서 이들에게 투표권을 주지 않는 것은 말이 되지 않는다. 새누리당(자유한국당)에서 분당한 바른정당이 이에 찬성하다가 18세 유권자의 가세가 자기들에게 불리하다는 이유로 반대로 입장을 바꾼 것은 새 당이 여전히 '수구세력'임을 보여주는 것이다. 우상호 더불어민주당 원내대표의 경고대로 이에 반대하는 정당은 촛불민심 역행정당이다. 그러나 기이한 것은 우대표가 막상 투표연령 인하 못지 않게 중요하고 투표연령 인하와 함께 참여연대 등 시민사회단체들이 주장하고 있는 결선투표제와 독일식 연동제에는 침묵한 것이다. 잊지 말아야 한다. 결선투표제와 독일식 연동형 비례대표제에 반대하는 정당 역시 촛불민심 역행정당임을.

공직선거법을 고쳐 이번 대선부터 결선투표제를 도입해야 한다. 현 제도는 30%대 지지율의 '소수파 대통령'을 양산해 왔다(표 2). 이는 대표성과 정통성에서 문제가 많다. 이제 결선투표제를 통해 과반수이상의 지지를 받는 '다수파 대통령'이 나라를 이끌어야 한다. 특히 진보정당의 성장을 위해서는 수구세력의 집권을 막기 위해 자유주의 후보를 지지하라는 '비판적 지지'의 논리를 해결해 줄 결선투표제의 도입이 필수적이다. 더불어민주당처럼 자신들의 후보가 국민의 과반수 지지를 얻을 자신이 없어서 (아니면 결선투표제하에서 승리가능성이 상대적으로 낮아서) 반대한다면 그 당의 후보는 대통령의 자격이 없다.

표 2. 민주화 이후 역대대통령 득표율

	노태우	김영삼	김대중	노무현	이명박	박근혜
유권자 대비득표	32.9%	33.9%	31.9%	34.3%	30.5%	38.9%
투표자 대비 득표	36.6%	41.9%	40.2%	48.9%	48.6%	51.5%

독일식 연동형 비례대표제도 왜곡된 대의민주주의의 교정에 핵심적이다. 헌법재판소는 도시와 농촌 사이에 선거구의 인구 격차로 표의 가치가 세 배 이상 차이가 나는 것은 위헌이라고 판결했지만 반민주적인 선거제도로 인해 군소진보정당의 표와 거대보수지역정당의 표의 가치는 4배 이상 차이가 나고 있다. 즉 새누리당(자유한국당)과 새정연(더

불어민주당과 국민의당 전신인)은 지난 2012년 총선에서 득표율보다 의석을 1.17배 차지한 반면 진보정당은 득표율의 0.29수준밖에 의석을 차지하지 못해 표의 가치가 4배나 차이가 났다.

표 3. 득표율과 의석비율 비교(2012년 총선)

2012 총선	득표율(A)	의석비율(B)	B/A
새누리당(자유한국당)	46.1%	52.8%	1.14
새정연	36.5%	46.8%	1.28
정의당 등	11.4%	3.3%	0.29

이를 시정하기 위해 선거관리위원회는 독일식 연동형 비례대표제 도입과 비례대표 확대를 주장했다(이 안에 여당도 관심을 보였으나 청와대의 반대로 입장을 바꾼 것으로 알려지고 있는데 여기에도 최순실이 개입한 것인지 조사할 필요가 있다). 그러나 거대보수정당들은 2016년 총선에서 당대표였던 김무성과 문재인이 야합해서 비례대표를 오히려 축소했다. 사실 독일식 연동제를 도입할 경우 유일한 원내진보정당인 정의당은 현재의 6석 대신 득표율인 6.7%에 상응하는 20석의 의석을 차지할 수 있게 되며 녹색당과 같은 원외진보정당들도 원내진출이 용이해진다. 따라서 정부형태 개혁을 선거제도 개혁과 연계시켜야 한다. 한마디로, 대의민주주의 중에서도 아주 '질이 나쁜' 현재의 대의민주주의를 최소한 '질 좋은 대의민주주의'로 고쳐야 한다.

선저제도 개혁과 관련해, 주기적으로 등장하는 중(대)선거구제에 대해 한마디 하고자 한다. 중(대)선거구제는 선거구를 크게 해 선거구 숫자를 줄이는 대신 한 선거구에서 여러 명을 뽑는 선거제도이다. 이는 여당이 한 명은 당선되기 쉽다는 이유로 우리도 유신시대에 실시한 바 있다. 이 같은 안 좋은 역사의 이 제도는 지역주의가 심화되면서 지역주의 타개책으로 김대중 대통령이 이끌던 새정치국민회의, 이어서 노무현 대통령이 주장한 바 있고 최근 들어 다시 거론되고 있다. 그러나 일본이 너무도 많은 부작용으로 이를 포기하고 소선거구제로 바꾸었듯이, 이는 바람직하지 않은 제도이다. 긴 말이 필요 없이 이 제도를 주장했던 새정치국민회의의 강령을 읽어 보면 그 이유를 잘 알 수 있다. 강령은 "중대선거구제는 당내파벌 성행, 막대한 선거비용, 정국의 불안정과 신진인사의 진출제약 등 폐해가 심각해 세계의 주요 국가들이 폐기한 제도"라고 쓰고 있다. 나아가 의도와 달리 지역주의를 오히려 심화시킬 가능성이 적지 않다(손호철, 1999: 312-315).

다섯째, 정당을 개혁해야한다. 우리의 대의민주주의가 고장 난 가장 중요한 이유는 정당이 잘못되어 있기 때문이다. 앞에서 지적했듯이, 우리의 정당들은 기본적으로 이념적, 따라서 정책적 차이가 별로 없는 보수정당들이자 가장 큰 차이는 이념, 정책이라기보다는 지지지역으로 제대로 된 정책대결을 하지 못하고 있다. 한마디로, 우리의 정당들은 지역주의에 기초해 거지부터 재벌까지, 계급을 초월해서 지역으로 모인 '초계급적 지역연합'에 기초해 있다.

정치의 기능은 "(국회와 같은) 제도(정치)틀에서 사회적 갈등을 조정하는 것"이다. 여기에서 핵심적인 것은 정당이다. 정당은 시민사회 속의 다양한 사회세력의 이익을 국가에 전달하여 제도정치 내에서 갈등을 조절하게 만드는 '시민사회의 전동벨트(transmission belt)'이다(Poulantzas, 1971: 300). 그러나 거대보수지역정당 중심의 한국의 제도정치는 다양한 사회세력들을 제대로 대의하지 못함으로써 '사회적 갈등의 조정'이라는 제 기능을 수행하지 못하고 있다. 이 같은 '대의의 위기', '대의의 실패'의 결과가 희망버스로부터 골리앗투쟁, 광화문 노숙투쟁 등 '거리의 정치'의 일상화이다. 그리고 그 극적 표현이 바로 현재의 광장이다.

이는 노동자계급과 민중이 우리 사회에서 '시민사회'에서는 어느 정도 시민권을 확보했는지 모르지만 국회와 같은 제도정치권을 지칭하는 '정치사회' 수준에서는 아직 제대로 된 시민권을 확보하지 못하고 있다는 사실과 밀접한 관련이 있다.[10] 미국의 정치학자들은 선진국 중 미국이 유일하게 사회주의나 사회민주주의정당이 부재한 보수양당제의 '미국 예외주의'(Lipset, 1997; 손호철, 2002:248-261)로 대의체제에 많은 문제점을 안고 있다고 비판한다. 한국도 '한국 예외주의'(Sonn, 1997)로 인해 진보정당이 거의 부재한 보수정당 지배체제를 벗어나지 못함으로써 대의체제가 제 기능을 제대로 발휘하지 못하고 있다. 리영희 선생님은 오래 전 진보정당의 부재를 안타까워하며 "새는 좌우 두 개의 날개로 난다"고 지적했다. 그러나 아직도 우리의 정치는 두 개의 거대보수 지역정당에 대항해 군소진보정당이 경쟁하는, "오른 쪽에는 독수리 날개, 왼쪽에는 병아리 날개를 단 새"라고 할 수 있다.

사실 2016년 미국 대통령선거의 경우도 민주당후보인 힐러리 클린턴은 그 누구보다도 월스트리트와 유착한 정치인으로 미 국민들은 '히틀러'(트럼프)인가? '골드만 삭스 은행'(힐러리)인가의 선택을 강요당했다.

10 진보정당이 거의 부재한 한국정치의 특수성, 불모성 때문에 국가=정치사회라는 그람시의 개념의 왜곡에도 불구하고 정치사회를 국가와 시민사회사이의 독자적인 사회적 공간으로 상정하고 이를 계급갈등과 계급투쟁의 일상의 지형인 시민사회와 구별되는 "국가권력 문제를 지향하는 정치적 계급투쟁의 주된 지형"이라고 보는 것(최장집, 1993)은 나름의 장점이 있다.

우리의 경우도 노무현정부가 보수세력의 자충수였던 탄핵 덕으로 2004년 총선에서 승리한 뒤 그 여세를 몰아 추진했던 국가보안법 폐지와 같은 민주개혁에 관한 한, 자유주의 세력(노무현정부와 시민단체들)과 진보세력(민주노동당, 민주노총 등 진보단체들)이 연대해 보수세력과 대립했다.

그러나 경제문제에 있어서는 진보세력에 대립해 노무현정부, 한나라당, 조중동, 재벌이 한 편이었다. 민주개혁전선이 아니라 신자유주의전선에 관한 한, 자유주의세력은 보수세력과 손잡고, 취약한 진보세력과 대립했다(손호철, 2011: 745-777). 한미FTA를 추진한 것도, 파견근로제를 전면화시킨 노동법 개악안을 한나라당과 손잡고 날치기 통과시킨 것도, 시민사회단체들의 반대에도 쌍용자동차를 해외매각해 쌍용차 노동문제를 만든 것도 이명박, 박근혜정부가 아니라 노무현정부였다.

즉 노대통령의 탄핵에 분노한 국민들이 촛불을 들고 과반수의석을 만들어줬지만 노무현정부가 이 의석을 가지고도 전략과 정치력 부재로 국가보안법 폐지 등 개혁법안 통과에 실패한 뒤 추진한 것은 엉뚱하게도 반서민, 반민중적인 이들 신자유주의 정책들이었다(아래 참조).

따라서 대의민주주의를 수술하기 위해서는 정당제도의 개혁이 시급하다. 다시 말해, 광장은 영원할 수 없기 때문에 촛불시민을 '정치적 주체화'하는 것이 시급하다. 하지만 안타깝게도 현재의 정당들은 그럴 능력이 없다. 박근혜게이트의 공범들인 새누리당(자유한국당)과 바른정당은 말할 것도 없다. 더불어민주당과 국민의당과 같은 자유주의 정당들도, 정의당 같은 원내 진보정당도, 노동당, 녹색당, 사회변혁노동자당, 민중연합당같은 원외 진보정당들도 광장의 분노와 열기를 담아내기에는 부족하다. 그렇다고 신자유주의의 긴축정책 속에서 이에 고통

받는 민중들을 전혀 대변하지 못하는 기존 정당(이는 좌파정당들도 포함된다)들에 저항해 생겨나 돌풍을 일으킨 그리스의 시리자나 스페인의 포모데스같이, 이들을 정치적 주체화시킬 수 있는 새로운 정치세력이, 새로운 진보적 프로젝트가 보이는 것도 아니다. 답답한 일이다.

핵심은 시민사회 속의 계급적 균열을 정치사회의 정치적 균열로 반영시키지 못하고 있는 현재의 '초계급적 지역연합'을 (지역을 넘어서 노동자계급과 민중이 함께 하는) '초지역적 계급연합'으로 전환시키는 것이다. 그러기 위해서는 취약한 진보정당을 키워야 한다. 정치균열 분석의 한 대가의 표현대로, "정치의 가장 파국적인 힘은 하나의 갈등을 다른 갈등으로 대체"하는 '갈등의 치환', '갈등의 대체'이다(샤츠슈나이더, 2008: 130–131). 지배계급의 가장 고전적 방식은 계급갈등을 인종갈등으로, 민족갈등으로, 지역갈등으로 치환하는 것이다. 인종문제를 부각시킬 때 노동자들은 인종으로 나뉘어 계급은 사라지게 되고, 지역주의를 부각시킬 때 노동자들은 지역으로 나뉘어 계급은 사라지게 된다.

주목할 것은 극복해야 할 한국 정치의 심각한 문제로 지적받고 있는 지역주의가 최근 들어 약화되는 조짐을 보이고 있다는 점이다. 지난해 총선에서 새누리당(자유한국당)의 텃밭이었던 영남, 특히 부산경남(PK)에서 야당의원들이 다수 당선됐다. 이들의 심장부인 대구에서 야당의 김부겸의원이 당선되는 쾌거를 이루기까지 했다. 이 정도는 아니지만 호남에서도 새누리당(자유한국당) 의원들이 복수로 등장했다. 게다가 이번 대선의 경우 절대적 지지로 청와대에 보낸 박근혜가 부끄러운 '지역의 수치'가 되고 새누리당(자유한국당)이 제대로 된 대선후보를 내기 어려워 영남의 지역주의가 약화될 가능성이 크다. 이 점에서 반기문과 손학규 등이 제시한 뉴DJP연합이라는 지역연합(호남+충청)은 21세기의 시민혁명을 19세기의 지역주의로 퇴행시키려는 '반동적 전략'이다(손호철, 2017b).

이 전략은 두 가지 측면에서 심각한 문제를 갖고 있다. 첫째, 낡은 지역주의에 기초한 정치공작으로 지역주의를 자극하고 있다. 물론 지역주의가 하루아침에 없어지지는 않겠지만 책임 있는 정치지도자들이 지역주의를 공공연하게 자극하는 것은 피해야 한다. 이 점에서 새로운 '철새정치인'으로 전락한 정동영의원이 한 술 더 떠 개헌에 반대하는 것은 '반호남주의자'라고 지역주의를 개헌논쟁에 이용하고 나선 것은 안타깝다 못해 측은하다. 노회한 낡은 정치인으로 비판을 받아온 박지원 의원이 뉴DJP연합에 대해 "정치는 정체성과 지향하는 이념과 목표가 같아야"한다며 부정적 입장을 보였으니(《뉴스1》 2017년 1월 31일) 이들이 박의원보다도 더 낡았다는 이야기이다. 둘째, 놀라운 시민의식을 보여주고 있는 대한민국 국민들, 촛불시민들을 정치보스끼리 연합하면 알아서 따라오는 봉건적 동원 대상으로밖에 생각하지 않고 있다. 한마디로, 낡은 '3김정치'를 부활시키려 하고 있다.

특히 실망스러운 것은 반기문이다. 반기문은 평생 외교관으로 세계를 누볐고 유엔사무총장으로 세계의 분쟁을 해결하기 위해 노력한 '세계적 리더'이다. 그렇다면 거기에 걸맞는 국제적 비전을 가지고 대선 경쟁을 해야지 기껏 낡은 '부족주의'인 지역주의에 기대서 권력을 잡아보겠단 말인가? 대한민국을 사무총장 시절 생생히 보았을 아프리카 부족분쟁으로 이끌어가겠단 말인가? 21세기 대한민국 국민들을 추장이 결정하면 무조건 따라오는 아프리카 부족민 정도로 생각하고 있는가?

이 점에서 반전총장의 불출마결정은 다행스럽다.

마지막으로, 국가보안법을 폐지함으로써 사상의 자유를 보장하여 제한적 정치적 민주주의라는 '불완전한 정치적 민주주의'에 머무르고 있는 우리의 민주주의를 제대로 된 자유민주주의, 제대로 된 정치적 민주주의로 만들어야 한다. 사실 촛불혁명 가운데에도 진보적 책들을 보급하고 판매하는 노동자의 책 대표가 불온서적 판매 혐의로 국가보안법으로 구속된 것이 우리의 현실이다. 자유민주주의란 단순한 반공주의가 아니다. 히틀러가 자유민주주의이고 유신이 자유민주주의인가? 자유민주주의란 우리도 서명한 유엔인권선언의 자유권, 즉 사상, 표현, 결사, 언론의 자유가 보장되는 체제이다. 그러나 우리는 자유민주주의를 반공으로 착각하고 자유민주주의를 지킨다는 이름 아래 자유민주주의의 핵심인 이들 자유들을 억압해 왔다. 자유민주주의를 지킨다는 이름 아래 자유민주주의를 압살해온 희극의 역사를 이제 청산해야 한다.

이와 관련, 유승민의원 등이 주도하고 있는 바른정당에게 한마디 하고자 한다. 유의원은 그동안 새누리당(자유한국당) 원내대표 발언 등으로 낡은 수구세력이 아니라 글로벌 스탠다드의 보수정치를 한국에 세울 수 있는 가능성을 보여줬다. 그러나 유의원이 최근 주장하고 있는 복지강화 등은 인간의 기본권 중 최소한의 생계를 유지할 수 있는 권리인 사회권을 강화하는 것으로 박수로 환영할 일이지만 진정한 보수로 가는 길은 아니다. 이는 오히려 진보의 몫이고 진짜 보수로 가는 길은 국가안보라는 이름아래 자유민주주의의 핵심인 자유권을 침해해도 된다는 낡은 생각과 단절하고 사상의 자유, 표현의 자유 등 자유권을 우선시하는 것이다. 유의원이 안보를 중요시하는 것은 잘 알려져 있지만 자유권 강화가 안보와 모순되는 것이 아니다. 오히려 “자유의 확대가 진정한 안보”이다.

“멍청하긴, 문제는 경제야!” 잘 알려져 있듯이, 1992년 대선에서 40대 무명의 알칸소 주지사 클린턴이 들고 나와 이라크전쟁 승리로 기고만장하던 부시 대통령을 패배시킨 유명한 구호이다. 그러나 이는 반쪽의 진실만을 담은 반쪽짜리 구호이다. 정답은 “멍청하긴, 문제는 정치야”이다. 문제가 경제라고 하더라도 바른 경제정책을 선택해 펼 수 있는 올바른 정치가 없다면 모든 것이 무용지물이기 때문이다. 결국 문제는 정치다. 박근혜게이트도 다 정치가 잘못됐기 때문이며, 정치개혁, 선거개혁 없이는 박근혜 청산, 헬조선 청산도 없다.

다. 97년 체제를 넘어서

마지막으로, 우리가 가야 하는 방향은 헬조선의 주범인 신자유주의(정확히 표현해 ‘신자유주의적 금융세계화’)를 넘어설 수 있는 ‘포스트신자유주의’, 탈신자유주의이다. 북미자유무역협정(NAFTA)에 저항해 일어난 멕시코의 산다니스타 저항운동의 지도자 마르코스부사령관은 신자유주의를 “인류에 대항하는 제 4차 세계대전”이라고 비판한 바 있다(Marcos, 2001: 559-572). 이 같은 인간파괴의 신자유주의, 신자유주의적 금융 세계화는 2008년 월스트리트 금융위기를 통해 사실상 파산했다(이 같은 파산에도 불구하고 아직도 신자유주의는 지속되고 있는 것이 현 정세이다. 그 결과 언제 전면적인 위기가 다시 터져 나올지 알 수 없다).

그리고 신자유주의의 피해자들은 세계적으로 브릭시트로부터 ‘트럼프반혁명', '샌더스혁명'에 이르는 다양한 방식으로 저항하고 있다.[11] 트럼프 반혁명과 샌더스 혁명은 신자유주의에 대한 두개의 출구, 즉 '반동적 출구'와 '진보적 출구'이다. 이 점에서 우리의 11월시민혁명, 촛불혁명도 어떤 면에서는 '한국판 브릭시티'('코릭시트')이자 '한국판 샌더스혁명'이라 할 수 있다.

따라서 앞에 인용한 진주촛불집회의 한 청소년의 발언처럼 "내 안의 박근혜와 내 옆의 최순실에 분노하고 사람을 돈이나 자신의 소유물로 보지 않고, 사람을 돈과 이익으로 환산하지 않고, 독립된 존재로 보는 세상", "어쩔 수 없는 경쟁 속에서 남을 밟고 올라서야만 내가 살아남을 수 있는 것이 아니고, 함께 살아가는" 세상을 만들어야 한다. 이를 위해서는 폴라니가 일찍이 지적했듯이(Polyani, 1971) 이윤에 의해서만 움직이는 시장과 재벌에 대한 사회의, 시민의, 노동자의 통제를 제도화해야 한다. 그렇지 않을 때 무한탐욕의 시장은 인간을, 인류를 파멸로 이끌 것이다.

앞에서 지적했듯이, 97년 체제에 관한 한, 김대중, 노무현정부를 계승한 더불어민주당과 국민의당은 새누리당(자유한국당)과 같은 공범들이다. 정리해고를 도입하고, 파견근로제를 확대하고, 한미 FTA를 추진하고, 쌍용자동차를 해외매각해서 헬조선을 만든 '원조 신자유주의

11 사실 이 같은 현상들도 우리와 마찬가지로 기존의 정당들이 신자유주의적 금융세계화의 피해자들을 대변하지 못하는 '정당의 위기', '대의의 위기'의 결과이다. 서구 정당정치의 위기에 대한 선구적 연구는 Lawson et al., 1988. 기존정치를 부정하는 트럼프와 같은 '반정치의 정치'의 포퓰리즘이 부상하는 것은 자본주의의 위기 속에서 대중의 요구를 해결할 수 없는 자유주의의 무능과 사회주의와 같은 대안적 이념의 무기력을 반영하는 것이다(정인경 외, 2005).

자들'이 불행히도 바로 자유주의정권들이다. 김대중 대통령은 당선후 국민과의 대화에서 "외국자본이 바람직한 것은 아니지만 지금은 외환위기를 벗어나기 위해 불가피하다"는 것도 아니고 "지금은 식민지시대가 아니므로 외국자본은 많이 들여올수록 좋다"고 신자유주의에 대한 무비판적인 지지를 표명했다(《한겨레》, 1998년 1월 19일자). 또 "유럽형 모델은 실패한 모델이고 미국식 모델이 우리의 살길"(손호철, 1999: 172에서 재인용)이라며 신자유주의를 밀어붙였다.

오죽했으면 김대통령이 전두환 말기 귀국할 때 그의 신변보호를 위해 한국까지 동행할 정도로 김대중의 오랜 지지자였던 브루스 커밍스교수 조차 집권 후 김대통령은 'IMF 한국 지부장(The IMF's Man in Seoul)'이 되고 말았으며 강력한 민주화운동과 시민사회의 성장이 불가능할 것 같은 김대통령의 당선을 가능하게 했지만 이를 통해 "역설적이게도 시민사회의 성숙이 워싱턴과 IMF가 한국을 정복하는 중요한 동력이 됐다"고 안타까워했다(Cumings, 1998: 58 & 60).

이와 관련해 더불어민주당의 대선후보로 나섰다 중도사퇴한 박원순 서울시장은 "참여정부는 재벌개혁에 실패하고 불평등을 심화시킨 정부"로 규정했고(《연합뉴스》, 2017년 1월 10일) 문재인 전 더불어민주당 대표 역시 참여정부가 "양극화, 비정규직 문제 해결 못한 것을 인정"했다(《뉴시스》, 2017년 1월 17일). 그러나 문재인은 여전히 "당시의 시대정신은 정치적 민주주의는 제대로 하되, 권위주의를 타파하자는 것"이었고 "정치적 민주주의가 어느 정도 발전되자, 사회경제적 민주주의에 대한 요구가 대두됐다"는 변명을 한다.

이 같은 사고방식이 바로 2007년 대선과 2008년 총선에서 자유주의정권이 참패한 이유이다. 참여정부시절의 시대정신은 탈권위주의 못지 않게, 아니 그 이상으로 양극화의 해소였다. "양극화를 해소해 달라"는 민심을 전혀 읽지 못하고 권위주의 타파, 즉 3김정치 타파에 몰두한 것이 참여정부의 비극이다. 문재인은 '등 뜨시고 배불렀던 운동권 엘리트'의 입장에서 김대중, 노무현정부하에서 양극화로 인해 고통 받았던 서민과 민중들의 신음소리, 그리고 이에 따른 선거참패의 원인을 아직도 제대로 이해하지 못하고 있는 것이다.

우리의 대안과 관련해 짚고 넘어가야 할 김대중, 노무현정부가 가지고 있던 근본적인 한계는 그들의 정치적 민주주의의 '반노동성'이다. 이들의 민주주의와 이들의 복지는 '노동 없는 민주주의' '노동 없는 복지'였다. 이들 정권은 한국역사상 가장 정치적 민주주의가 발달한 정권이었지만 역설적으로 가장 노동자들을 많이 구속시킨 '반노동적인 정권'이기도 했다. 특히 노무현정부는 가장 많은 노동자들이 분신 등 목숨을 끊었고 노동자들도 가장 많이 구속했다(그것이 민주노총 등 노동운동이 아직도 노무현정부 그리고 이를 이은 친노세력에 아주 비판적인 이유이다).

표 4. 노동자 구속자수

김영삼 정부					김대중 정부					노무현 정부					이명박 정부					박근혜 정부
93	94	95	96	97	98	99	00	01	02	03	04	05	06	07	08	09	10	11	12	13
87	188	165	147	43	219	129	97	241	206	204	337	109	271	121	141	226	52	70	61	62
총 632명 (연평균 126명)					총 892명 (연평균 178명)					총 1042명 (연평균 208명)					총 550명 (연평균 110명)					62명

**구속노동자후원회, "구속노동자현황"에서 작성

물론 이명박, 박근혜정부는 97년 IMF 경제위기가 극복이 되고 김대중, 노무현정부가 추진했던 신자유주의정책이 어느 정도 자리 잡은 후 집권한 반면 김대중, 노무현정부는 경제위기 극복을 위해 신자유주의정책을 도입해야 했었다는 점 등 상황의 차이가 있다. 따라서 두 시기를 단순 비교하는 것은 문제가 있다. 그러나 상황이 어찌되었건, 김대중, 노무현정부는 이명박, 박근혜정부보다도 많은 노동자들을 구속했고 이들 정권의 정치적 민주주의라는 것이 반노동성을 가지고 있었다는 것은 부정할 수는 없다. 이는 박정희정권이 1인당 GNP 200-300달러 수준의 열악한 경제수준에서 경제발전을 추진하려니 노동자들의 권리를 제대로 챙길 수가 없었다는 '상황논리'가 박정희정권이 반노동적이었다는 사실을 부정하게 만들 수 없는 것과 마찬가지 이치이다.

이처럼 김대중, 노무현정부가 추진한 신자유주의정책에 의해 사회적 양극화가 심화되고 노동자들이 고통 받았다는 점에서, 그처럼 두 정권이 우리가 추구해야 할 모델로 생각하고 추진한 신자유주의가 그 본토인 미국에서 2008년 월스트리트 금융위기로 파산했다는 점에서, 김대중대통령이 마지막으로 국민에게 주고 갔어야 하는 유언은 이명박정부의 민주주의의 후퇴에 대한 경고 못지않게 신자유주의에 대한 것이어야 했다. 즉 "당시는 다른 선택이 없는 것처럼 보였고 잘 몰라서 미국식 신자유주의를 무비판적으로 수용했는데 돌이켜 보니 문제가 많은 정책이었다. 따라서 이제 여야가 힘을 모아 새로운 인간적인 성장모델을 만들기 바란다"는 것이었어야 했다. 사실 신자유주의프로그램을 처방했던 IMF는 나중에 자신들의 처방이 잘못된 것이었다는 반성문을 썼다. 그리고 이에 동조했던, 아니 이를 주도했던 미국은 2008년 월스트리트 금융위기를 맞자 1997년 우리에게 요구했던 신자유주의 처방과 정반대로 부실기업의 일시적 국유화 등 국가개입을 확대하는 처방을 실시했다.

이 같은 비판에 대한 지배적인 반응은 "비판은 맞는데 대안이 없다"는 패배주의, 즉 TINA(There Is No Alternative)이다. 사실 신자유주의의 챔피언인 영국의 대처는 재임 당시 신자유주의정책에 대한 비판에 대해 이 말을 반복해서 "마담 TINA"라는 별명을 얻었다. 그러나 TINA는 신화이다. 우리에게는 많은 대안들이 열려 있다(Petras, 1987). 김대중, 노무현정부가 추진해온 대표적인 신자유주의 정책들은 1) 정리해고 등 노동의 유연화, 2) 소액주주권한 강화와 업종전문화 등 재벌개혁, 3) 공기업의 '사유화', 4) 규제완화, 5) 대외적 시장개방 등을 들 수 있다. 이들 정책들은 대부분 이명박, 박근혜정부가 이어받았지만 재벌 개혁 같이 그나마 긍정적인 것은 이어받지 않고 오히려 방치해 왔다. 97년 체제를 넘어 2017년 체제로 가기 위해 이 중 몇 가지를 중심으로 대안들을 살펴보고자 한다.

우선 노동자들을 언제 잘릴지 모르는 불안시대로 몰고 간 정리해고이다. 김대중정부가 IMF 경제위기 상황에서 도입한 정리해고는 불가피한 것인가? 아니다. 앞에서 소개했듯이 민주노총이 대안으로 제시했던 노동시간 단축, 이를 통한 일자리 나누기가 하나의 대안이다. 일부 노동자들을 해고하는 대신 노동시간을 줄여 일자리를 공유하는 것이다. IMF위기 당시 이갑용 민주노총위원장은 한국을 방문한 캉드시 IMF총재를 만나 "왜 정리해고 등을 요구해 노동자들을 고통으로 몰고 가느냐고" 항의하자 자신들은 재벌개혁을 요구했지 그것은 요구한적이 없다며 "그건 너희 정부에 가서 따지라"고 답했다고 한다(이갑용, 2009: 208). 캉드시의 증언처럼 김대중정부가 정리해고를 도입한 것은 IMF가 강제하거나 선택이 없어서가 아니었다. 김대중정부 스스로가 가지고 있던 신자유주의 경제관이 문제였던 것이다(이에 대해서는 손호철, 1999 중 "김대중정부와 IMF 개혁" 참조).

노동시간 단축과 이를 통한 일자리 나누기는 정리해고에 비해 고통을 분담하고 사회적 연대를 유지한다는 것 이외에 중요한 이점들이 있다. 위에서 이미 지적했듯이 이는 경제성장, 경제적 가치 일변도로 살아온 그간의 생활방식을 발본적으로 반성하고 문명의 전환을 할 중요한 기회를 가져다 줄 것이다. 이를 통해 우리는 세계최고수준의 노동시간을 줄이고 덜 풍요하고 덜 생산하고 덜 소비하는, 그러나 자기시간을 즐기고 사는 문명의 전환을 이룰 수 있다. 지금이라도 늦지 않았다. '호모 파브르'(작업인)에서 벗어나 '호모 루덴스(유희인)'로 나아가고 삶을 즐기며 사는 '라틴적 삶'으로 나갈 필요가 있다(라틴적 삶에 대해서는 손호철, 2007).

재벌 개혁은 어떠한가? 재벌의 문제점은 크게 보아 두 가지이다.[12] 하나는 문어발식 사업 확장이고 다른 하나는 전근대적인 족벌경영이다. 이 중 핵심인 후자에 대해 김대중정부는 재벌의 반민주적이고 전근대적인 지배구조의 개혁을 위해 소액주주의 권한을 강화했다(이에 대해서는 손호철, 1999: 205-217). 이는 재벌들의 자의적 경영에 의해 소액

12 재벌개혁은 김상조 교수 등 전문가들이 많다. 그리고 정치학자인 필자가 이들과 같은 전문적인 분석과 구체적인 대안을 제시할 능력은 없다. 그럼에도 불구하고 2017년 체제라는 큰 방향에 대해서는 이야기할 필요가 있다.

주주들의 이익이 손상당하는 것을 개선하기 위한 것으로 소액주주들이 재벌들의 전횡적 경영을 제어하는, 나름대로의 긍정적인 효과가 있다. 그러나 이는 '재산권으로 재산권을 견제'하는 것이고 다수 소액주주들의 '불로소득'을 늘려주는 효과가 주된 효과이다. 한마디로, 이는 주주만이 아니라 노동자, 소비자, 하청업자 등 이해당사자들 모두를 고려하는 유럽식의 '이해당사자 자본주의'(stakeholder capitalism)와 달리 주주들의 이익만을 극대화하는 미국식의 주주자본주의(sharehoder capitalism)로 이끌어가는 신자유주의적 개혁이다(두 자본주의의 비교는 Kelly, 1997; Hirota, 2015).

여기에 또 다른 문제가 있다. 그것은 우리나라에서 그 같은 소액주주는 주로 외국의 투기자본들이라는 점이다. 결국 소액주주 권리강화가 외국 투기자본의 투기와 배당만 늘린 것 아닌가 하는 우려가 든다. 삼성전자가 2017년 1월 사상 최대의 현금배당을 발표했는데 이 중 절반인 1조 9500억 원이 외국인 투자자들에게 돌아갔다. 대표적인 진보적 시민단체의 경제민주화운동의 경우 재벌의 전횡을 견제한다는 것이 이들 외국투기자본들의 지분을 위탁받아 삼성전자 주주총회에 가서 문제를 제기하는 식이었다. 이 같은 운동이 내세운 논리는 김대중 대통령의 논리와 비슷하게 "이제는 자본의 국적이 중요하지 않은 시대"라는 것이었다.

물론 "우리 기업이니 지지하자"며 이 같은 운동을 "매판투기자본의 앞잡이"라고 매도하는 맹목적 애국주의나 색맹 민족주의는 문제이다. 그러나 외국 자본이 국내 자본보다 '친노동적'이거나 '진보적'이라면 모를까, 그렇지도 않은데 외국 자본을 지지한다는 것은 이 또한 문제이다. 이와 관련, 투기자본보다는 고용과 부를 창출하는 생산적 자본이 더 '진보적'이라는 것이 내 생각이다. 따라서 재벌의 횡포는 문제가 너무도 많고 당연히 견제해야 하지만, 대안이 없으면 모를까 대안이 있는 상황에서, 이들의 손을 잡고 이들의 목소리와 배당을 늘려주어야 할 만큼 외국의 비생산적인 투기자본이 '진보적'이라고는 볼 수 없다. 이 점에서 박원순 시장이 아직도 참여연대 시절의 소액주주운동을 자랑하며 "소액주주운동의 경험으로 재벌개혁의 본질이 뭔지 알고 있다"고 자부하고 있는 것은 문제가 많다(《경향신문》, 2017년 1월 19일).

소액주주의 권한강화가 아니면 재벌의 지배구조를 어떻게 개혁할 것인가? 그 답은 간단하다. 그것은 김대중, 노무현정부가 대선공약을 지켰으면 된다. 김대중, 노무현대통령이 대선공약으로 내걸었다가 집권 후 '오리발을 내민' 노동자 경영참여가 그 답이다. 김대중정부와 참여연대식 소액주주 중심의 해법이 신자유주의적 해법이라면 노동자경영참여는 민중적 해법이다. 피땀 흘려 일한 노동자들은 어렵게 그들이 만들어놓은 이윤이 사주에 의해 불법정치자금으로 빼돌려지고 잘못된 투자에 사용되는 것을 감시하고 견제할 권리가 주주 못지않게, 아니 주주 이상으로 있다. 이들이 경영에 참여할 때 재벌의 지배구조를 획기적으로 민주화하고 개혁할 수 있다. 이를 '산업민주주의(industrial democracy)라고 부르는데 이는 북구의 경험에서 보여주었듯이 노동자들의 의욕을 고취시키고 현장의 목소리를 경영에 반영함으로써 생산성도 매우 높이는 것으로 나타나고 있다(Kiloh, 1987).[13] 이것이 재벌의 지

13 산업민주주의는 결국 작업장 민주주의를 포함하는 것으로 노동자 경영참여란 노동자이사제같이 단순히 흔히들 경영이라고 생각하는 좁은 의미의 경영참여에 국한

배구조를 민주화하고 최순실 같은 정경유착을 막을 수 있는 진정한 대안이다. 이 점에서 문재인 전 대표와 박원순시장이 노동자대표를 이사로 임명해 경영에 참여시키는 노동자이사제를 대선공약으로 내건 것은 뒤늦었지만 다행스러운 일이다. 그러나 김대중, 노무현 대통령도 대선공약으로는 노동자경영참여를 내걸었다가 당선 뒤 오리발을 내밀었다는 점에서 기뻐하기에는 이르다.

국민연금은 이번 최순실사태에서 국민과 사회의 입장에서 재벌과 기업에 대한 민주적 통제를 한 것이 아니라 정반대로 행동했다. 그러나 국민연금이 독립성을 가지고 국민의 입장에서 재벌기업의 전횡을 제어하고 민주적 통제를 하여 노력한다면 재벌의 지배구조를 개혁할 수 있다. 즉 국민연금이 자신들의 지분을 재벌에 대한 사회적 통제기제로 사용할 수 있다. 이를 위해서는 국민연금의 지배구조 역시 민주화해야 한다.

재벌의 또 다른 문제인 문어발식 경영은 97년 IMF가 재벌의 BIS를 국제기준으로 낮추라고 강제하면서 상당히 해소됐다. 사실 그 요구에 의해 알짜기업을 헐값에 외국에 판 것이 오히려 문제였다. 이후에도 중소기업이나 영세상인들의 먹거리까지 침해하는 재벌의 먹성은 계속 되고 있고 이에 대한 규제가 필요하다. 그러나 산업연관의 시너지 효과를 위한 필요한 산업은 여럿 키우는 것은 필요하고 이는 외국의 선진대기업도 하고 있는 일이다. 이 점에서 재벌개혁의 핵심은 지배구조의 개혁

되는 것은 아니다. 이는 '생산의 정치'(politics of production) 내지 '공장체제'(factory regime)라고 부르는 작업장과 현장의 의사결정과 생산과정을 포함하는 것으로 이 같은 현장의 민주화를 포함하는 것이다(Buroway, 1985).

이다.

신자유주의의 또 다른 주요정책은 흔히 민영화라고 부르는 공기업의 '사유화'이다. 흔히 우리는 공기업을 사기업에게 파는 것을 '민영화'라고 부른다. 민영화는 영어 privatization을 번역한 것이다. privatization은 사유화 내지 사영화(사기업이 운영하는)이지 민영화가 아니다. 한전을 삼성에 판다면 전력산업이 삼성이란 사기업의 사유재산이 되는 것이지 그것이 무슨 '백성 민'자의 '민영화'인가? 사유화라는 말이 가져다주는 부정적 이미지를 없애기 위해 '번역의 사기', '언어의 사기'를 친 것이다. 김대중정부를 필두로 정부는 그동안 공기업의 비효율성을 비판하며 공기업을 사유화시켜 왔다. 특히 김대중정부는 외환이 모자랐던 임기 초가 아니라 외환위기가 극복됐던 임기 말에도 세계우수 에너지 회사에 주는 에디슨상을 여러 번 수상한 우수기업인 한전의 해외매각을 시도했다. 그것도 전력을 사유화시킨 미국의 캘리포니아가 이들 사유전력회사들의 농간으로 단전사태로 엄청난 고통을 겪는 것을 보고도 말이다.[14]

물론 개별기업에 따라 차이가 있지만, 밖에서는 공기업이 '비효율성'의 상징으로 보고 있다. 그러나 그 비효율성이라는 것이 사기업과 같은 이윤을 기준으로 한 것이어서는 안 된다. 이는 공기업의 목적이 국민들에게 폭넓은 '공공서비스'를 제공하는 것이라는 점을 망각한 것이다. 따라서 소위 '비효율적인 공기업'에 대한 대안이 공공성을 포기한 사유화가 아니다. 오히려 공기업의 공공성을 전제로 하여 이 같은 공공

---

14 김대중정부가 왜 이해가 되지 않는 이 같은 정책을 추진했을까에 대해서는 손호철, 1999: 223–226. 캘리포니아 단전사태에 대해서는 손호철, 2001a와 2001b.

성을 제고시키기 위한 '공공적 효율성'이라는 관점에서 필요한 공기업의 개혁을 추진해야 한다. 즉 공기업을 사유화시키는 것이 아니라 공공성의 관점에서 공기업에 대한 사회적 통제를 강화하는 것이다.

김대중정부가 한전매각을 추진할 당시 민주화를 위한 전국교수협의회 등 시민사회단체들은 공투위를 만들어 그 대안으로 시민대표, 사회단체대표, 변호사, 회계사 등 사회를 대표하는 가칭 '한전위원회'를 만들어 직원들의 월급으로부터, 대차대조표 등 모든 내부서류들을 검토하고 국민에게 이익이 되는 입장에서 개혁의 방향을 결정하도록 해야 한다고 주장했다. 이처럼 공기업의 운영에 있어 시민사회를 대표하는 공익이사회를 구성해 공기업을 개혁하고 운영하도록 만들어야 한다. 이와 비슷한 제도인 공공기관운영위(공운위)가 만들어졌지만 형식적으로 운영되고 있는 것이 현실이다. 따라서 노동자와 시민사회진영이 참여하는 공운위의 확장, 기관장 추천위의 내실화, 공공성을 중심으로 공공기관 평가제도의 개혁 등이 이루어져야 한다.

주목할 것은 사유화에 대한 국민들의 비판적 인식이 커지고 국회통과가 쉽지 않아지면서 최근 들어 정부가 각종 시행령을 통해 경쟁체제 도입이라는 명분으로 사유화를 우회해 간접적인 방식으로 공공부문을 사유화시키고 있다는 사실이다. 예를 들어 가스사유화가 쉽지 않자 가스산업 경쟁체제 도입이란 이름 아래 포스코, SK 등에 가스도입권을 부여하는 방법으로 사실상 가스산업을 사유화시키는 것이다. 따라서 이 같은 우회적 사유화도 규제해야 한다.

마지막으로 규제완화이다. 이 또한 신화이다. 미국과 유럽을 예를 들어 설명하자면 자본주의를 대공황에서 구하기 위해 생겨난 케인즈주의 국가라는 이전의 국가는 '규제중심의 큰 정부'이고 이를 대치한 신자유주의는 '규제완화의 작은 정부'라고 흔히들 생각한다. 그러나 이는 잘못이다. 레이건, 대처는 복지예산은 깎았지만 군과 경찰의 인원과 예산은 오히려 늘렸다. 보수주의자들은 기업의 규제는 완화하면서 낙태는 아예 금지시키도록 규제를 강화했다. 이명박, 박근혜정부가 입만 열면 규제완화를 주장했지만 인터넷 규제를 강화했다. 보도에 따르면, 박근혜는 아예 자신의 마음에 안 든다고 CJ 그룹 대표의 경질을 요구했고, 수출의 젖줄인 세계적인 해운회사를 날리고 남의 광고회사 강탈을 도와줬다. 나아가 블랙리스트를 만들어 문화계를 규제했다. 규제완화라니, 웃기는 이야기이다. 결국 문제는 '작은 정부냐, 큰 정부냐'가 아니라 '어떤 기능을 하는 어떤 정부이냐'이고 '규제냐 아니냐'가 아니라 '어떤 규제이고 어떤 규제완화이냐'이다.

신자유주의에서 특히 문제가 되는 경제규제는 어떠한가? 박근혜정부가 잘 보여주듯이 권위주의적 규제는 문제가 많은 것이 사실이다. 그러나 공기업의 대안이 사유화가 아니듯이 권위주의적 규제에 대한 대안이 자본과 기업을 마음대로 풀어놓는 규제완화, 탈규제가 아니다. 사실 세월호의 비극도 선박업체의 이윤을 높여주기 위해 선박의 사용연한을 늘려준 규제완화의 결과이다. 어디 그뿐인가? 가스안전을 위해 적정한 가스배관의 길이마다 의무적으로 안전요원을 고용하도록 하는 가스안전법은 가스업자들의 규제완화 요구로 그 길이를 연장하는 법안이 논의되고 있다. 이처럼 규제완화는 기업의 이윤을 위해 국민의 안전과 생명, 생태와 환경, 공공성과 공공서비스를 희생시키는 위험한 정책이다. 대안은 민주적인 사회적 통제이다. 구체적인 내용은 경우에 따라 달라지겠지만 무한팽창과 이윤만 생각하는 자본과 시장을 내버려 둘 경우 사회는 파괴될 수밖에 없다는 문제의식에서 사회를 보호하기 위해 자본과 시장을 사회가 민주적 방식으로 어떻게 통제할 것인가(Polyani, 1971)라는 구체적인 프로그램을 사안별로 만들어야 한다.

결론적으로, "비판은 맞는데 대안이 없다는 TINA가 아니라 '수천개의 대안이 있다'는 TATA(There Are Thousands Alternatives)"이다(손호철, 1999: 184-85). 사실 1997년 IMF 경제위기 당시도 비슷한 위기를 겪었던 동아시아에서 우리와 정반대로 외국 자본에 대한 통제를 오히려 강화하는 등 신자유주의와 다른 처방을 했던 말레이시아, 그리고 싱가포르는 외국 자본의 경제장악과 양극화 등 우리와 같은 부작용을 겪지 않고도 경제위기를 잘 극복했다(이에 대해서는 손호철·전재성, 20 참조).

신자유주의로 민생이 어려워지고 불안정해지면서 우리사회에도 복지에 대한 관심이 늘어나고 복지프로그램도 부족하지만 뒤늦게 도입되고 있다. 특히 이번 대선의 경우 '기본소득'이 관심을 끌고 있다(기본소득에 대해서는 강남훈외, 2014). 기본소득은 모든 사람들에게 일정액을 제공한다는 점에서 신자유주의가 보편화되고 인공지능(AI)혁명으로 실업의 일상화가 예상되는 21세기의 대안적 복지체제로 주목할 만하다. 그러나 이는 동시에 복지시스템을 단순화하여 복잡한 복지체제에 따른 관리비용과 어려움을 극복하자는 행정편의주의적이고 관리주의적 생각도 깔려 있다. 그것이 유럽의 경우 우파들도 이를 주장하는 이유이다. 따라서 만일 기본소득이 생활능력이 없는 장애인등 복지를 가장 필요로 하는 사회적 약자에게 주어지던 복지보다 금액이 적고 이를 대체하는 것(핀란드형?)이라면 문제가 많고 오히려 퇴행적인 것이다. 관리의 효용성도 중요하지만 장애자 보조금을 뺏어서 이건희에게 기본소득을 줄 수는 없지 않은가? 그것이 아니라 이보다 금액이 많고 혜택이 더 큰 것(국민투표로 부결된 스위스형?[15])이거나 사회적 약자에 제공하던 전통적 복지에 보완적으로 추가되는 것이라면 재원문제는 남지만 지지할 프로그램이다.

복지 문제와 관련해, 하나 더 이야기하자면 노동이다. 김대중, 노무현정부는 복지를 이야기하고 실행했지만 '노동 없는 복지'라고 앞에서 이야기한 바 있다. 특히 이제 새누리당(자유한국당)도 복지를 이야기하고 있고 노인수당을 공약으로 내걸고 실시한 것도 박근혜이다. 즉 복지는 이제 '진보의 담론'이 아니다. 문제는 노동, 그리고 세금이다. 복지란 사회적 위험에 대한 보험적 기능도 있지만 시장에 의해 분배가 이루어진 뒤(1차 분배) 정부가 사후적으로 개입해 부자에게 세금을 걷어 가난한 사람들에게 나누어주는(2차 분배) 일종의 '재분배' 기능이 있다. 그러나 우리 사회의 문제는 재분배 이전에 시장에서 이루어지는 1차 '분배' 자체가 너무 불공정하다는 것이다.

물론 전경련이 반박자료를 내기는 했지만, 정부의 공식자료인 한국은행에 발표하는 노동소득배분율(전체 국민소득 중 노동에게 돌아가는 몫)은 OECD 평균을 훨씬 밑돈다. 지난 2007-2015년 동안의 노동소득분배율은 60-63%로 스웨덴의 75%는 말할 것 없고 OECD 평균

15 스위스형은 모든 국민에게 월 300만 원을 주는 것인데, 스위스의 실업급여가 500만 원을 넘는 것을 고려하면 스위스 역시 절대액에서 핀란드보다 훨씬 많지만, 사회적 약자들의 기본지원액을 줄이는 방식으로 문제가 많다.

70%에도 한참 못 미친다(《더스쿠프》, 2017년 1월 10일자). 따라서 재분배 이전에 노동의 몫을 늘려 분배를 제대로 해야 한다. 지면 관계상 다 이야기할 수 없지만, 비정규직의 문제, 유연안정성(조돈문, 2016) 등 해결해야 할 노동의 문제는 많다.

헬조선의 해결을 위해 반드시 해결해야 할 문제는 교육이다. 이 역시 방대한 문제지만 간단히 한 가지만 언급하고 넘어가고자 한다. 교육은 전 세계적으로 신분상승의 보편적 통로이다. 즉 G2C=G1C+E이다. 2세(Generation 2, G2)의 계급적 지위(Class, C)는 부모(Generation 1, G1)의 계급(C)에 교육(E)이 더해진 것이다. 그리고 이 공식에 높은 교육열이 더해져 우리 사회는 교육이 주요한 신분상승의 기회로 작용했었다. 그러나 갈수록 그렇지 않게 되고 있다. 소위 신분상승의 기회가 사라진 흙수저 세습사회가 된 것이다. 즉 E가 제 기능을 못하고 있는 것이다. 한 연구에 따르면 아버지와 본인간의 교육수준의 상관관계는 0.165였는데 본인과 자식 간에는 0.398로, 사회경제적 지위의 상관관계는 0.449에서 0.600으로 높아져 학력과 사회경제적 지위의 세습의 정도가 과거보다 훨씬 강화된 것으로 나타났다(《서울신문》, 2017년 1월 30일자). 구체적으로, 상위 9개 대학과 의과대학 진학률은 소득 상위 20% 가정의 경우 하위 20% 가정의 20배나 높다.

이렇게 된 것은 정유라같은 편법도 문제지만 교육이 갈수록 돈이 많이 들어가는 '자본집약적 산업'이 된 것도 원인이고 특목고들도 문제이다. 그러나 근본적으로는 교육평준화가 역설적으로 교육이 신분상승의 기회로 작동하지 못하게 만들었다. 이 점에서 교육평준화는 정책적 의도와 결과가 전혀 반대로 나타난 대표적인 예이다. 과거에는 가난한 동네에 살아도 똑똑하고 열심히 공부하면 명문중고등학교를 가고 명문대학을 나와 신분상승을 했다. 그러나 교육평준화 이후는 가난한 지역 학생들은 아무리 똑똑하고 공부를 열심히 하더라도 대학을 한 명도 못 들어가는 후진 동네학교에 가서 제대로 교육을 받을 수 없게 됐다. 반면에 강남에 사는 부유층은 좋은 학교에 가서 좋은 교육을 받고 좋은 대학을 가게 됐다. 소위 8학군현상이다. 한 연구에 따르면, 강남과 강북 일반고의 서울대학교 진학률은 각각 2.07%와 0.11%로 강남이 20배나 높은 것으로 나타났다(김세직 외, 2015: 356−383).

이 같은 신분세습사회를 타파하기 위해서 예를 들어 서울시를 동에서 서로 동, 중동, 중, 중서, 서의 다섯 학군으로 나누어 강남북을 하나의 학군으로 통합하는 '강남북 통합학군제'를 도입해야 한다. 그래서 강북의 청소년들도 좋은 강남학교에서 공부하고 강남학생도 강북으로 가서 공부하게 만들어야 한다. 1960년대 미국은 흑백 인종간 불평등 해소를 위해 흑인학생들을 양질의 백인동네 학교에 배정해 주방위군이 완전무장해 호위하면서 버스통학을 시키고 반대로 백인학생들은 흑인 지역학교로 버스통학시키는 교육통합정책을 폈다. 거기에 비하면 강남북 통합학군제는 아무것도 아니다. 물론 이는 서울의 이야기이고 지방은 또 다른 문제들이 있을 것이다. 그러나 '교육의 계급화'를 바로잡아야 한다는 문제의식에 따라 지역에 맞는 교육정책들을 마련해야 한다.

탈신자유주의와 관련, 걱정이 되는 것은 정권을 장악할 가능성이 가장 큰 더불어민주당 등 자유주의 야권의 행태이다. 앞에서 지적한 '원조 신자유주의'라는 원죄는 과거라고 치자. 이들 중 가장 유력한 대선후보인 문재인은 미르와 K재단으로 온 나라가 난리가 나고 모금에 앞장선 전경련을 해체하라는 여론이 들끓고 있는데 뻐젓이 재벌기업 연구소장들과 회동을 했다. 오죽했으면 같은 당의 박영선의원이 이를 직접 비판하고 나섰겠는가? 박의원은 "노대통령은 대선후보 때 재벌을 개혁한 최초의 대통령, 비정규직의 눈물을 닦아주는 최초의 대통령이 되겠다고 약속했지만 임기가 끝났을 때 어느 누구도 참여정부에서 재벌개혁이 이루어졌고 비정규직의 삶이 좋아졌다고 이야기하는 사람은 아무도 없다"고 전제했다. 이어 "참여정부가 남긴 유산은 삼성공화국" 이며 참여정부는 "삼성경제연구소와 손잡고 집권후반 재벌개혁 타이밍을 놓쳐 결국 정권실패의 길"로 들어선 것인데 "그 길을 반복하겠다는 것이냐"고 일침을 가했다(《연합뉴스》, 2016년 10월 13일).

그뿐이 아니다. 이들 자유주의적 야당들은 여소야대의 힘을 가지고 있고, 헬조선에 대한 광장의 분노가 하늘을 찌르고 있는 가운데에서도, 헬조선 극복을 위해 필수적이고 자기들이 약속해온 법인세 인상을 포기한 세법개정안을 통과시켰다. 한마디로, 이대로 나간다면 정권교체가 되더라도 헬조선은 계속 될 것이고 희망이 없다는 이야기이다. 따라서 탈신자유주의 구상은 특별히 광장과 시민사회의 진보적 단체들이 진보정당들과 손을 잡고 주도해 나가야 한다.

3. 몇 가지 덧붙일 말들

앞에서 우리는 박정희체제, 87년 헌정체제, 97년 신자유주의체제를 넘어설 2017년 체제의 내용에 대해 간단히 살펴보았다. 2017년 체제는 필자가 주로 분석한 정치, 경제 이외에도 여러 내용이 채워져야 한다. 북핵이라는 새로운 현실을 고려한 북한의 탈핵과 새로운 대북 평화공존 정책, 미국 · 일본 대 중국의 세계패권전쟁을 대비한 외교전략, 일본 후쿠시마와 영화 〈판도라〉를 피할 수 있는 탈핵과 생태주의 등 손보아야 할 과제들은 너무도 많다.

중요한 것은 이 같은 2017년 체제를 만들어낼 수 있는 동력은 결국 촛불시민이고 광장이라는 사실이다. 정작 문제는 박근혜 퇴진이 아니라 새로운 공화국 건설, 대선 등 퇴진 이후, '분노 이후'이다. '문제는 퇴진 이후'임에도 불구하고 이 촛불이 박근혜 퇴진 이후에도 얼마나 지속될 수 있으며, 얼마나 지금 같은 단결된 모습을 보여줄 수 있을 것인지 불확실하다. 따라서 이번 투쟁이 단순한 항쟁이 아니고 시민혁명이고 촛불시민들이 단순한 박근혜 퇴진을 넘어 헬조선 탈피 등 보다 근본적인 변화를 바라고 있다고는 하지만, 2017년 체제가 만들어질지는 매우 불확실하다. 그럼에도 불구하고 위에서 이야기한 2017년 체제는 설사 2017년에 이루지 못하더라도 빠른 시간 내에 만들어내야 할 우리 사회의 큰 그림이라고 할 수 있다.

이 같은 전제하에서 촛불혁명을 자세히 살펴볼 필요가 있다. 이미 지적했듯이, 이번 촛불혁명은 박근혜게이트에 분노한 2300여 시민단체들이 밑으로부터 자발적으로 퇴진조직(퇴진행동)을 만들고 주도하면서 시작됐지만 참가자들의 90%는 일반시민들이다. 그리고 이번 촛불혁명에 운동권과 주도세력의 단상권력은 사라졌지만 아직도 완전히 시민들의 자율성이 완전히 보장되고 있다고 볼 수 없다. 따라서 현 항쟁지도부를 확대 개편하는 것이 시급하다.

현재의 광장지도부는 박근혜퇴진 투쟁을 범국민적인 운동으로 발전시키고 조직화하는 엄청난 역사적인 기여를 이미 했다. 그러나 현재의 지도부와 광장의 운동은 단기적인 퇴진운동에 적합할지 모르지만 장기투쟁을 이끌기에는 적합하지 않다. 특히 앞으로 벌어질 개헌정국, 대선정국 등 급변하는 정세에 효과적으로 개입하기에는 대표성과 효율성면에서 한계가 많다. 따라서 조직의 확대재편이 시급하다. 지금까지의 운동이 박근혜 퇴진이라는 단일한 공동목표를 놓고 다양한 세력이 모인 '단결적'이고, '1차 방정식적 투쟁'이었다면 앞으로의 투쟁은 다양한 입장이 대립하는 '갈등적'이고 '고차 방정식적 투쟁'이 될 것이다. 따라서 내부갈등을 조정해 통일된 노선을 도출해 낼 수 있는 민주적 대표성과 전략적 사고가 필요하다.

누차 지적했듯이 광장의 90%는 조직화되지 않은 '자유로운 일반시민'들이다. 따라서 주요단체들의 대표들로 구성된 현재의 지도부는 한국의 조직화된 시민사회를 충분히 대표하고 있지만 일반시민에 관한 한 '운동 내의 대의주의'라는 결함을 안고 있다. 사실 노동조합, 혁명적 정당을 포함하여 모든 조직은 억압적 국가장치와 이데올로기적인 국가장치를 가지며 그 안에 "부르주아국가의 구조가 재생산"된다(Althusser, 1992: 20). 미국의 다양한 사회운동을 비교분석한 연구는 노동조합, 빈민조직 등 사회운동조직도 밑으로부터의 저항을 특정한 방향으로 구조화시킨다(structuring protest)고 밝히고 있다(Piven & Cloward, 1979). 이 같은 이유 때문에 현대의 운동은 과거와 같은 조직운동이 아니라 다양한 주변적인 소수자들을 중심으로 한 자율적인 '분자적 운동', 이들 운동 간의 '접속'과 증식을 통해 이루어져야 한다고 자율주의자들은 주장한다(Negri & Guattari, 1998).

그러나 개인적으로 조직화되지 않는 소수자운동의 각개약진과 유목전으로는 한계가 있다고 생각한다. 결국 조직화가 가지고 있는 위험을 인지하고 최대한 '제도화되지 않으면서 조직화하는 것(organizing without institutionalizing)'이 중요하다고 생각한다(손호철, 2006: 304-305).[16] 따라서 이 같은 위험에 유의하면서 조직화되지 않은 자유로운 일반시민을 지도부에 포함시키는 것이 시급하다. 단상권력은 상당히 사라졌지만 광장의 큰 틀을 좌우하는 것은 조직화된 사회단체들이고 특히 실무운영자들이다. 이 같은 문제점을 거리의 시인 송경동 시인은 다음과 같이 표현하고 있다.

우리 안의 폴리스라인

이제 그만 그 거대한 무대를 치워주세요
우리 모두가 주인이 될 수 있게
작은 사람들의 작은 테이블로 이 광장이 꽉 찰 수 있게

이제 그만 단상의 마이크를 꺼 주세요
모두가 자신의 말을 꺼낼 수 있게
백만개의 천만개의 작은 마이크들이 켜질 수 있게

이제 집으로 돌아가라는 친절한 안내를 멈춰주세요
나의 시간을 내가 선택할 수 있게

16 인터넷 등 쌍방형 커뮤니케이션의 발달에 의해 '조직 없는 조직화'의 가능성이 커지고 있다는 주장에 대해서는 Shirky, 2009.

광장이 스스로 광장의 시간을 상상할 수 있게

전체를 위해 노동자들 목소리는 죽이라고
소수자들 목소리는 불편하다고 말하지 말아주세요
집을 가진 이들은 집을 갖지 못한 이들의 마음을 몰라요

이번 민주주의의 경로도 먼저 결정해두지 말고
어떤 역사적 사회적 정치적 한계도 먼저 설정해두지 말고
최선의 꿈을 꿔 볼 수 있게

광장을 관리하려하지 말고
광장보다 작은 꿈으로 광장을 대리하려하지 말고
대표자가 없다는 말로 권한이 없다는 말로
오늘 열린 광장이
어제의 법과 의회 앞에 무릎 꿇지 않게 해 주세요

(하략)

이와 관련, 주목할 것은 김세균 서울대명예교수의 제안이다. 그는 일반시민들로부터 대표성을 인정받을 수 있도록 개인가입과 민주적 선출원칙에 의해 부분별/지역별 비상국민위원회를 출범시키고 이들을 묶어 전국단위의 비상국민의원회를 출범시켜야 한다고 주장하고 있다. 바로 이 같은 조직이 최대한 직접민주주의 방식에 의해 앞으로 있을 주요 문제들에 대한 입장을 결정해야 한다.

지적하고 싶은 또 다른 문제는 온라인 시민의회 등 최근 다양한 형

식으로 나타나고 있는 온라인 시민결사체들이다. 이 같은 움직임은 일회성으로 끝날 수 있는 광장과 촛불을 정치적으로 조직화하여 직접민주주의 방식으로 정치세력화시킬수 있다는 점에서 높이 평가해야 한다. 그러나 실패로 끝난 시민의회운동이 보여주듯이 대표성 논쟁에 휘말릴 수 있으며 이런 조직들이 특정 대권주자나 정치세력과 연결되어 정파성시비가 벌어지고 서로 적대할 수 있는 우려가 있어 조심해야 한다.

퇴진행동은 말 그대로 박근혜 퇴진이란 공동의 목표 아래 2300여개의 조직들이 모인 한시적인 조직이다. 따라서 박근혜 퇴진이라는 목표가 성취되면 그 조직은 존재 이유가 없어지게 된다. 그러나 퇴진행동은 이미 단순한 박근혜 퇴진을 넘어 사드배치 등 6대 적폐 청산을 주요사업으로 결정한 바 있고 촛불시민들이 바라는 것은 단순한 박근혜의 물리적 퇴진이 아니다. 따라서 퇴진행동의 미래와 노선을 박근혜 퇴진으로 국한하는 최소주의 노선은 문제가 있다. 그렇다고 대중을 고려하지 않고 전위적 입장에서 혁명적 변화를 추구하는 최대주의 노선을 추구해서도 안 될 것이다. 결국 정세와 대중의 정치의식을 고려하여 시대적 과제와 대중적 공감을 적정선에서 '조화시키는' '최적주의(optimal) 노선이 필요한 것 같다.

대선과 개헌에 대해, 한마디 하고자 한다. 광장과 촛불시민, 나아가 여러 여론조사가 보여주듯이 절대다수의 국민이 바라는 것은 정권교체이다. 이와 관련, 광장과 시민들이 가장 적정하는 것은 야권분열에 의해 1987년 6월항쟁처럼, "죽 쑤어서 개주는 상황"이 재현되는 것이다. 사실 87년만이 아니라 윤보선과 장면의 분열로 5.16군사쿠데타를 자초한 4.19학생혁명, 양김의 분열 등으로 부마항쟁으로 가져온 민주화 정국을 5.18의 비극으로 몰고 간 80년 봄처럼 우리의 역사는 항상 민중들이 투쟁을 통해 어렵게 얻은 기회를 탐욕스러운 야당지도자들이 분열해 말아먹었다.

이를 막기 위해서는 앞에서 지적한 결선투표제의 도입이 가장 시급하다. 나아가 될 수 있으면, 특히 결선투표제가 도입되지 않는 경우, 민주진보진영의 야권후보들이 촛불경선으로 단일후보를 선출하는 것을 적극적으로 추진하고 누가 후보로 당선되건 다음 정권은 가치연대에 기초한 이들의 연정이 되도록 노력해야 한다. 박원순 시장이 잘 지적했듯이 "다음 정부는 참여정부 시즌 2가 아니라 촛불공동정부여야 한다."(최근 더불어민주당 내의 '대연정'논쟁과 관련해 한마디 한다면, 더불어민주당, 국민의당, 정의당 등 야권의 촛불공동정부가 기본이 되고 바른정당과는 '일면 타격, 일면 협력'의 사안별 연대가 바람직한 노선이라 하겠다.) 개헌 역시 지금은 개혁과 적폐청산이 더 시급하지만, 이를 대선 이후로 미룰 경우 과거처럼 그들만의 밀실야합이 될 것이라는 점에서 적극적인 새로운 공화국안을 만들어 제시해야 한다.

정치권에 대해서 아주 현실적인 이야기들을 몇 마디 하고자 한다. 이번 촛불혁명은 한국정치를 지배해온 냉전적 수구세력을 퇴출하고 글로벌 스탠다드의 진정한 보수가 보수진영의 대표정당으로 자리잡을 수 있는 기회이다. 이 점에서 주목할 것은 새누리당(자유한국당)보다는 바른정당이다. 그러나 지금까지 나타난 바른정당의 행보는 기대 이하이다. 투표권 연령인하에 대해 반대입장으로 돌아선 것이 대표적이다. 앞에서 지적했듯이 글로벌 스탠다드의 보수로 가기 위해서는 복지를 이야기하는 것이 아니라 사상의 자유 등 자유권에 대해 전향적인 입장을 보여야 한다. 아직도 "좌파집권은 막아야 한다"는 색깔론으로 위기를 돌파하려는 김무성의원을 보면서 바른정당도 희망이 없다는 생각이 든다. 바른정당이 박근혜게이트와 부끄러운 과거에 대한 철저한 자기반성과 발본적인 자기혁신을 하지 않는다면 '보수의 정상화'를 위한 황금 같은 이번 기회도 그냥 지나가 버릴 것이다.

더불어민주당과 국민의당으로 대표되는 자유주의세력에 대해서는 할 이야기가 많다. 두 당이 각각 딴 살림을 해야 할 정도로 이념의 차이가 있다고 보기 어렵다. 결국 문제는 이념적 차이가 아니라 문재인과 안철수의 알력 등이라고 볼 수 있다. 그러나 어떤 방식이든 두 세력은, 이들의 지지기반인 친노와 호남이라는 자유주의세력의 두 중심 지지기반은 협력해야 한국정치가 발전할 수 있다. 이 점에서 반대세력에 대해 무차별 문자폭탄을 퍼붓는 친문의 패권주의적 행태도, "정권교체를 못하더라도 친노와는 손을 잡을 수 없다"는 국민의당의 태도도 버려야 한다. 나아가 더불어민주당은 대승적 입장에서 결선투표제를 받아들여 야권분열에 따른 비극을 예방해야 한다.

이번 대선은 정권교체의 가능성이 높지만 정권교체를 하더라도 걱정이다. 박근혜 덕분에 기대치가 낮아져 그보다 못할 수야 없겠지만, "바꿔봐야 소용없다. 구관이 명관이다"는 말이 나올까 걱정이다. 이를 벗어나려면, 무능을 벗어나야 한다. 무엇보다도 당의 혁신능력을 제고시켜야 한다. 보수세력은 그동안 변신에 변신을 거듭했지만 자유주의 정당들은 바꾸는 척조차 하지 못했다. 뼈아픈 대선 패배 이후에도 별로 달라진 것이 없었다. 통한의 눈물도, 뼈를 깎은 혁신의 의지도 보이지 않고 "제1야당도 감지덕지"라고 생각하는 것 같다. 한마디로, 투지도,

전술도, 정책도 삼류다. 여야투쟁을 봐도 야당이 여당 같았다. 이는 박근혜가 노무현 대통령시절 야당으로 치열한 투쟁을 벌려 이미 제정한 사립학교법 개혁안을 다시 후퇴시키는 등 노무현정부의 개혁법안들을 좌초시킨 것과는 대조적이다.

정책적 무능문제와 관련해, 북한문제와 신자유주의에 대한 근본적인 성찰이 필요하다. 대북정책에 있어서 햇볕정책의 큰 방향은 맞는 것이지만 북핵, 북한인권 등 많은 보완이 필요하다. 21세기 세계패권을 놓고 벌어질 미국와 일본 간의 동맹 대 중국의 대립과 동북아의 우파 민족주의의 득세와 관련해, 발본적인 한반도평화구상, 동북아평화구상을 만들어야 한다. 이는 노무현정부의 '자주국방' 구상과는 질을 달리하는 발본적인 것이어야 한다. 중국과 러시아, 일본의 열강들 속에서 얼마나 국방비를 쳐 부어야 자주국방을 이룰 수 있다는 말인가? 이에 대한 근본적인 답을 만들지 못하는 경우 19세기 말의 비극이 한반도에서 반복될지도 모른다.

신자유주의를 넘어서야 한다. 자유주의세력이 대선에서 승리한다고 하더라도 이들이 신자유주의를 계속하는 한 헬조선은 계속 될 수밖에 없다. 즉 김대중·노무현의 '헬조선 1기', 이명박·박근혜의 '헬조선 2기'에 이어 '헬조선 3기'(삼성공화국 시즌2)가 시작되는 것이다(최근의 이들의 행태와 언론에 보도되고 있는 예비내각을 보면, 이 같은 우려가 커지고 있다). 그러면 박근혜게이트로 수그러든 박정희신화는 다시 살아나고 제 2의, 제 3의 박근혜가 나타날 것이다. 신자유주의를 넘어서기 위해 자유주의정당이 제일 먼저 해야 할 일은 과거의 신자유주의정책에 대해 솔직하게 공개적인 자아비판과 반성을 하는 것이다. 나아가 지금처럼 여론에 따라 좌경화 우경화를 반복하는 기회주의적 노선을 극복하고 '노동 없는 복지' 노선도 넘어서야 한다.

세대문제에 대한 대안 마련도 시급하다. 즉 고령화와 관련해 고령세대를 잡을 수 있는 프로젝트가 필요하다. 지역주의를 넘어설 수 있는 프로젝트를 만들어야 한다. 지역주의를 대체하는 새로운 균열구조(진보 대 보수 같은)가 나오지 않는 한 지역주의는 계속될 것이라는 점에서, 진보정당이 발전할 수 있도록 지난 총선 비례대표 축소에서 보여준 거대보수지역정당의 야합을 넘어서 독일식 연동형 비례대표제 도입에 적극 나서야 한다. 국가보안법 폐지에도 적극 나서야 한다. 호남 등 자유주의 지배지역에서 모범적인 지방자치를 보여줘야 한다. 중앙정치의 경우 김대중, 노무현정부가 권력을 잡았지만 보수세력의 발목잡기로 제대로 된 정치를 못했다고 봐주자. 그러면 행정, 입법부 모두에서 자유주의 세력이 절대여당인 광주와 호남의 지방자치는 과연 대구경북(TK)보다 깨끗하고 제대로 되어 왔는가?

마지막으로, 진보정당들에 대해서도 한마디 하고자 한다. 우선 한국의 진보정당운동은 일제와 해방정국의 제 1기, 4.19 이후의 제 2기, 87년 이후의 제 3기로 나누어질 수 있다. 그런데 70-80년대 산업화에 의해 태어난 새로운 전후세대 노동자계급과 87년 이후의 민주화국면에 기반한 제 3기 진보정당운동(민주노동당으로 상징되는)은 진보진영의 여러 오류에 의해 통합진보당 사태와 함께 이제 처절한 실패로 끝났다는 것을 인정하고, 밑바닥부터 새롭게 21세기형 진보정당을 만들기 위한 제 4기를 시작해야 한다. 그 몇 가지 원칙은 다음과 같다.

첫째, 북한에 대한 태도를 명확히 해야 한다. 물론 박근혜정부가 친북으로 비판받아온 통합진보당을 법적으로 해산시킨 것은 잘못이다. 오히려 국가보안법을 폐지하고 '종북의 자유'까지도 허용하되(광화문에서 "김정은 만세!"를 외치면 사람들이 호응할까?) 대신 국민의 선택에 의해 고사시켜야 했다(손호철, 2013a와 2013b). 특히 분당사태로 국민들로부터 이미 외면 받은 시대착오적인 정치세력을 해산조치를 함으로써 오히려 부당한 '공안탄압의 순교자'로 만들어주고 말았다. 즉 법적으로 죽였는지 모르지만, 정치적으로는 다시 살려준 것이다. 국가보안법 폐지에 국가안보를 걱정하겠지만, 안보에 대한 진짜 위협은 종북주의가 아니라 박근혜게이트 같은 지배층의 도덕적 타락과 헬조선이다. 그러나 친북진보세력도 이제 바뀌어야 한다. '종북', '친북', 아니 김일성일가와 북한민중은 다르다는 점에서 북한민중에 반하는 '반북 친김정은' 진보는 더 이상 진보가 아니다. 어떻게 3대 세습이, 북한이 진보일 수 있는가?(이에 대해서는 손호철, 2010b)

둘째, 노동, 생태주의, 평화, 페미니즘을 어우르는 '녹·보·적' 연대의 21세기적 무지개연합정당이어야 한다. 셋째, 지역커뮤니티운동과 결합하고 지역에 뿌리내리는 진보정당이어야 한다. 현대정치는 선거를 중심으로 움직일 수밖에 없으며 이는 선거구라는 지역에 기반해야 힘을 갖는다. 이는 영화 〈빵과 장미〉에도 소개된 바 있듯이 가장 취약한 비정규직 이주노동자들이 지역커뮤니티운동과 결합해 승리한 로스앤젤레스 청소노동자 투쟁 등이 잘 보여주고 있다.

마지막으로, 대중정치인-활동가-당원-대중의 선순환을 만들어야 한다. 활동가들이 당의 간판인 대중정치인을 지지하고 대중정치인들이 당원과 대중의 지지를 확대재생산해 당이 선순환적으로 성장해야 한다. 새로운 대안적 진보정당의 모델로 주목을 받았던 진보신당이 분열하고 실패한 것도 바로 이 같은 선순환을 만드는 데 실패했기 때문이다. 그 결과 대중정치인들은 당을 떠나고 진보신당은 대중을 끌어올 수 있는 대중적 스타정치인을 잃어버림으로써 대중정당이 아니라 사실상 소수활동가 중심의 정치서클로 전락하고 말았다.

안타까운 것은 유일한 원내진보정당으로 그동안 그나마 반신자유주의노선을 주장해왔고 정당 중 제일 먼저, 그리고 제일 치열하게 광장의 퇴진운동과 결합한 정의당이 광장의 99%의 분노를 흡수하여 자신의 세력으로 만들고 있지 못하는 점이다. 이번 사태로 가장 세력이 확장된 것은 이재명 성남시장이고 부차적으로 구 통합진보당세력인 것 같다(일각에서는 이재명 성남시장을 '한국의 샌더스'로 지명하고 있지만 아직 그같이 판단하기에는 이르고 여러 스캔들이나 행태를 볼 때 대통령의 가장 중요한 자질인 균형감과 정서적 안정성 등에서 검증되어야 할 것이 많다).

왜 심상정, 노회찬, 정의당이 아니고 이재명인가? 이와 관련, 심상정, 노회찬도 기성정치인의 이미지가 강하고 대중은 새 시대의 새 인물을 바라고 있다는 주장도 있다. 정의당이 대권주자가 정해지지 않은 상황도 관련이 있을 것이다. 또 샌더스가 민주당에 입당하여 힘을 발휘할 수 있었던 것처럼 대중들이 정의당보다는 집권가능성이 큰 더불어민주당의 후보들에 신뢰를 보내기 때문일 수도 있다. 이재명이 지방자치단체장으로 일관된 복지정책 등으로 대중적 신뢰를 얻은 반면 심상정, 노회찬, 정의당은 이 같은 기회가 없었다는 점도 한 요인일 것이다. '이재명현상'은 하나의 요인으로 환원할 수없는 복잡한 현상인 것 같다.

그러나 진보적 학자로 통합진보당 사태와 세월호사태 후 뒤늦게 정의당에 합류한 김세균 전 공동대표는 촛불혁명에 대한 정의당의 대응에 문제가 있었다고 본다. 정의당이 "다른 원내정당들보다 빨리 박근혜 퇴진/하야를 주장하고 촛불항쟁에 적극 가담한 것은 높이 평가할 만하지만, 유보 없는 퇴진/하야가 아니라 '질서 있는 퇴진'을 내세움으로써 즉각적인 퇴진과 구속들을 원한 촛불대중과 거리감을 좁히는 데에 실패했다. 이와는 달리 이재명은 촛불대중의 염원을 유보 없이 대변했다 …(중략)… 게다가 상황이 변하자 친박세력조차도 질서 있는 퇴진을 주장함으로써 정의당의 질서 있는 퇴진론은 낡은 구호가 되어 버렸다"는 것이다.

물론 정당은 사회운동단체와 달라야 한다. 그러나 정당은 사회운동단체와 달라야 한다는 강박관념이 촛불혁명이란 절호의 기회를 놓치게 만들었다는 비판이다. 즉 정의당은 야 3당의 말석으로 제도정치권의 틀에 얽매이기보다는 사회운동과 함께 하는 '사회운동적 정당'으로 광장과 더 확실하게 유기적으로 결합했어야 했는데 그러지 못함으로써 당이 대중의 지지를 받고 성장할 수 있는 중요한 기회를 놓쳐버렸다는 것이다.

정의당 등 진보정당들이 도약하기 위해서는, 아니 살아남기 위해서는 광장의 분노를 정치적으로 묶어낼 수 있는 새로운 정치적 프로젝트를 빨리 만들어내야 한다. 그리고 우선 '박근혜 없는 박근혜체제'의 청산을 위해 앞장서는 한편 박근혜게이트와 적폐청산의 구체적 청사진과 헬조선 극복을 위한 새로운 공화국의 상 등 11월시민혁명의 완성을 위한 비전과 과제를 제시해 '촛불혁명을 선도하는 정당'이 되어야 한다.

진보정당과 밀접한 관련이 있는, 노동운동에 대해서 한마디 하고

자 한다. 지금과 같이 임금인상 등 자신들의 조합주의적인 경제이익을 위해 치열하게 싸우는 '전투적 조합주의'를 넘어서 비정규직 등 사회적 약자를 끌어안고 사회전체의 발전을 위해 싸우는 '사회운동적 노동운동'(social movement unionism)으로 거듭나야 한다(Jonston, 1994). 기업별 노조라는 공장의 틀을 넘는 산별노조운동을 새롭게 정립하는 한편 지역운동, 부문운동과 결합하는 노동운동, 노동자정치운동의 새로운 전망을 고민하는 노동운동, 청년실업문제를 끌어안으며 사업장의 비정규직 문제를 넘어서는 노동운동을 만들어가야 한다.

마르크스가 노동자계급에게서 미래를 본 것은 노동자계급이 세계를 변혁시켜야 하는 '이해관계'와 변혁시킬 수 있는 '힘'을 모두 가지고 있다고 봤기 때문이다. 그러나 정규직, 특히 대기업의 정규직 노동자들은 '힘'을 갖고 있지만 세상을 바꾸고자 하는 긴박한 '이해관계'가 없다. 반대로 절실한 '이해관계'의 비정규직은 '전략적 힘'이 없는 것이 우리의 현실이다. 이 둘을 하나로 합칠 때 미래가 열린다.

4. 촛불이여 영원하라!

2008년 이명박 정부 초기, 광우병 문제로 촛불이 뜨겁게 타올랐다. 이에 대해 일부 학자들은 "세계 민주주의사상 유례없는 새로운 시민운동의 전형"이라고 극찬을 아끼지 않았다. 나는 한 진보언론에 쓴 글에서 이들과 다르게 다음과 같이 경고했다.

광우병 촛불은 역사적 사건이다. 과거의 운동권중심의 근엄주의를 넘어서 유모차를 끄는 엄마들이 참여하는 축제분위기의 '즐거운 혁명'이라는 새로운 문화를 가져온 것, 주요 사회운동 단체장들이 단상을 차지하는 낡은 단상권력을 해체하고 모두가 단상에 오를 수 있는 '단상혁명'을 이룬 것 등은 특히 그러하다. 그러나 지나친 낙관론은 금물이다. 촛불이 '정치적으로 주체화'되지 않는다면 결국 일회성 촛불로 끝나고 말 것이다. 촛불은 계속될 수 없다. 사실 광우병촛불이 처음이 아니라는 점을 주목해야 한다. 2002년 대선 때 미군장갑차에 치어 죽은 효순 미선 촛불시위가 있었다. 2004년 노무현대통령 탄핵에 분노한 촛불이 있었다. 그러나 이 촛불들은 정치적 주체화되지 못했고 시간이 지나자 꺼졌다. 그리고 2007년 대선에서 이명박이 승리했다.

불행히도, 나의 글은 맞았다. 광우병 촛불은 오래지 않아 꺼졌다. 얼마 뒤 용산참사가 일어났지만 촛불은 나타나지 않았다. 그리고 이어진 대선에서 박근혜가 승리했다. 김수영 시인은 일찍이 절창으로 대중의, 민중의 이중성을 노래한 바 있다(김수영, 1988).

현재의 상황도 크게 다르지 않다. 물론 광우병집회보다 촛불은 더욱 진화하고 발전했다. 중고생들까지 촛불에 가담했고 집단지성은 현기증이 날 정도로 더 성숙했다. 대중은, 시민은 위대하다. 그러나 촛불은, 역사의 '광기의 순간'은 지속될 수 없다. 따라서 정치적 주체화가 시급하다. 하지만 안타깝게도 이번 사태의 공범들이었던 보수정당들은 말할 것도 없고 더불어민주당과 같은 자유주의적인 야당들도, 정의당 같은 진보정당들도 이들의 분노와 열기를 담아내기에는 부족하다.

앞에서 지적했듯이 마르크스는 역사의 중요한 인물이나 사건은 두 번 반복하는데 첫 번째는 비극으로, 두 번째는 희극으로 반복한다고 썼고, 그의 표현대로 박정희가 비극이었다면 박근혜는 희극이다. 나아가 박정희를 무너트린 부마항쟁은 12.12쿠데타와 5.18학살을 통해 비극으로 끝이 났다. 마르크스의 정식이 맞다면 박근혜를 무너트린 11월시민혁명은 희극으로 끝나게 되어 있다. 그러나 이번 촛불혁명은 희극으로 끝나서도, 야권의 분열로 독재세력의 승리로 끝난 부마항쟁과 5.18민중항쟁, 4.19학생혁명, 6월항쟁과 같이 비극으로 끝나서도 안 된다. 11월시민혁명을 성공한 혁명으로 만들어야 한다. 그러기 위해서는 단순히 정권교체로는 안 된다. '정권교체'를 넘어서 '여의도정치'를 혁파하는 '정치교체', 헬조선을 넘어서는 '시대교체', 박정희체제와 87년 체제와 97년 체제를 넘어서는 2017년 체제로의 '체제교체'를 이루어내야 한다.

중요한 것은 촛불도 촛불이지만 야권이다. 김진태 새누리당(자유한국당) 의원은 "촛불은 바람이 불면 꺼진다"고 촛불을 폄하했다. 그러나 4.19와 80년 봄, 그리고 87년 6월항쟁이 보여주듯이 촛불을 꺼트리는 것은 바람이 아니라 야권의 뻘짓이다. 이 같은 뻘짓을 막기 위해서라도 우리는 촛불을 내려놓을 수 없다.

촛불이여 영원하라!

2부

이론적 쟁점들

1장

한국 사회:
87년 체제인가? 97년 체제인가?

1장

한국 사회: 87년 체제인가? 97년 체제인가?[1]

1. 왜 체제론인가?

뜨거웠던 80, 90년대 우리 사회는 사회구성체논쟁 등 치열한 학술적 논쟁이 많은 관심 속에 진행됐었다. 그러나 소련동구의 몰락, 이에 따른 우리 사회의 보수화와 함께 언제부터인가 우리 사회에는 의미 있는 사회과학 이론도, 이를 둘러싼 논쟁도 사라지고 말았다. 그런 가운데 그나마 주목을 끈 것 중의 하나가 몇 년 전 논쟁이 되었던 87년 체제론이다. 즉 87년 민주화 이후 상당한 시간이 흘렀고, 특히 제대로 된 정권교체에 의해 소위 '민주정부'인 김대중정부와 노무현정부가 연이어

1 이 글은 이명박 정부 초기인 2009년 "'한국체제' 논쟁을 다시 생각한다: 87년 체제, 97년 체제, 08년 체제론을 중심으로"(손호철, 2009c)라는 제목으로 발표한 것을 제목과 도입부만 바꾼 것이다.

출범했음에도 불구하고[2] 민주주의를 비롯한 우리사회의 현실이 기대에 못 미치면서, 우리는 아직도 87년 민주화에 의해 만들어진 87년 헌법 등 '87년 체제' 속에서 살고 있으며 많은 문제들은 이 '87년 체제'의 한계와 밀접한 관련이 있다는 주장이다. 그리고 이는 우리의 문제가 87년 체제 헌법의 한계 탓이며 헌법을 고친다고 문제들이 해결될 것인가 하는 논쟁을 가져왔다.

이 글은 이 같은 논쟁과 관련해, 우리 사회가 과연 아직도 87년 체제인가, 87년 체제가 아니라면 어떤 체제인가를 살펴보는 것이 목적이다. 이를 위해 이 글은 87년 체제에서 '체제'가 과연 무엇인가 하는 체제론을 체계적으로 재검토하고자 한다. 구체적으로 그동안 다소 '주먹구구식'으로 진행되어 온 체제논쟁을 체계화하기 위해 우선 이론적 쟁점들을 '사회체계(social system)'와 '부분체제들(partial regimes)'이라는 문제의식에서 살펴보고자 한다. 이어 한국의 현재의 사회체계는 87년 체제가 아니고 97년 IMF 경제위기로 생겨난 97년 체제라는 것을 보여주고자 한다. 이어서 한국 사회체제의 역사적 궤적과 시기별 특징을 분석한 뒤 다양한 부분체제들을 예시적으로 살펴보고자 한다.

2 이명박, 박근혜 정부를 예전 같은 독재정부로 볼 수 없다는 점에서 김대중, 노무현 정부를 '민주정부'라고 부르는 것은 적절치 않다. 그렇다고 '진보'로 부르는 것은 잘못이며 자유주의(liberal)정부 내지 개혁정부라고 부르는 것이 맞다. 사실 현재의 한국 정치를 진보 대 보수의 2분법이 아니라 진보, 자유주의적 개혁세력, 냉전적 보수라는 3분법으로 보아야 한다. 이에 대해서는 "두 개의 개혁, 두 개의 전선"과 "한국 정치의 발전방향" 참조(손호철, 2006a: 350-353; 365-367).

2. 이론적 전제 : '사회체계'와 '부분 체제'들

본격적으로 87년 체제론을 비롯한 한국체제론을 논의하기에 앞서 전제되어야 할 이론적 문제들이 있다. 우선 '한국체제'가 하나가 아니며, 한국체제 논쟁이 단일한 차원이나 단일한 지평plane에서 이루어질 수 있는 것이 아니라는 점이다.

첫째, 물론 한국 사회 전체를 추상화시킨 '총체적 체계'('열린 총체성'[3])로서의 한국 '사회체계 내지 사회체제social system'[4] 또는 한국 '사회구성체'가 존재한다. 원래 사회체제란 자기완결성과 내적 노동분업을 필요로 한다는 점에서 현대 사회에서 엄격한 의미의 사회체제는 '세계체제'뿐이다(Wallerstein, 1974: 347-349). 그러나 느슨한 의미로 사용할 때 '한국 사회체제'라는 개념화가 가능하다.

다만 여기에서 문제는 사회체제가 무엇이냐는 것이다. 이 한국 사회체제란 엄밀히 말하면 한국의 "다양한 모든 사회적 관계들의 총체"('한국 사회구성체')를 의미할 것이다. 그러나 이것을 이론화를 위해 단순화시키면 '한국(정치)경제체제'와 '정치체제'로 구성되어 있다고 볼 수 있다. 이것은 세계체제론이 세계체제가 '자본주의적 세계경제'라는 (정치)경제체제economic system와 '국가간 체제interstate system'라는 정치

---

3 물론 '총체성'이라는 개념은 포스트주의의 비판을 받아왔다. 이런 비판에 동의할 수 있지만 포스트주의의 해체주의 방식에도 문제가 많은바, 폐쇄적이지 않은 '열린 총체성'이라는 수준의 '사회체제'가 존재한다는 것이 이 글의 입장이다.

4 social system은 흔히 '사회체제'로 번역하기도 하지만 '체제'로 번역되어 사용되고 있는 regime과 구별하기 위해 '사회체계'로 번역해야 맞다. 하지만 다른 학자들이 '사회체제'로 쓰고 있어 둘을 혼용하여 같이 쓰고자 한다.

체제political system로 구성되어 있다고 보는 것과 마찬가지의 논리이다. 사실 사회구성체론의 경우도 한국의 사회성격(사회체제 성격)을 한국의 '토대'(경제체제)의 성격과 국가(정치체제)의 성격의 결합으로 이해한 바 있다. 87년 체제론도 마찬가지의 입장이다(아래 참조).[5]

둘째, 그럼에도 불구하고 앞에서 지적했듯이 '한국체제'는 하나가 아니다. 열린 총체성으로서 한국 사회체제와 별개로 한국 '헌정체제constitutional regime'[6]도 있고 한국 '노동체제labor regime'도 있다. 나아가 한국 '사회운동체제', '정치균열체제', '정당체제', '젠더체제' 등 다양한 '하위 체제들' 내지 '부분 체제들'도 존재한다. 현대 민주주의는 하나의 통일된 체제가 아니라 별개의 특성을 지닌 개별 영역에서 제도화된 부분 체제들로 구성돼 있다는 주장(Schmitter, 1992: 427)을 빌린다면, 한국 사회 역시 다양한 부분 체제들로 구성되어 있는 셈이다. 이런 문제의식을 빌려올 수 있는 선구적인 분야는 국제정치 분야다. 일찍이 체제변화regime change에 관한 많은 연구를 한 이 분야는 예를 들어 '국제경제체제international economic regimes'를 국제통화체제, 무역체제, 석유체제 등 여러 하위 체제들로 나누어 연구해 왔다(Keohane, 1984: 182-240).

셋째, 한국체제가 하나가 아닌 다양한 부분 체제들로 구성돼 있을 뿐 아니라, 이런 다양한 부분 체제들의 문제는 예를 들어 계급이라는

---

5 다만 일부 경우 사회체제를 단순히 정치경제체제 중심으로 이해하려는 경향이 있지만, 이는 잘못이다. 아래에서 자세히 다룰 것이다.

6 체제(regime)란 "특정 분야에 있어서 행위자들의 기대가 이를 중심으로 수렴되는 명시적 내지 묵시적인 일련의 원칙, 규범, 규칙, 그리고 정책결정의 절차들"을 말한다(Krasner, 1983: 2).

단일한 지평에서 추상-구체의 문제가 아니라 계급 대 젠더라는 다른 지평들 사이의 단순-복합의 문제이다. 그리고 일찍이 봅 제솝(Jessop, 1990: 10-11)이 국가론 연구에서 지적한 바 있듯이 여러 지평의 문제들을 한 지평으로 환원될 수 없다는 점에서 이런 부분체제들의 문제는 환원주의적 방식이 아니라 다양한 지평간의 '접합의 방법method of articulation'을 통해서만 제대로 인식될 수 있다.

좀더 구체적으로 국제통화체제, 무역체제, 석유체제는 각각 상대적 독자성을 가진 체제들로 그 시기 구분이 일치해야 할 이유가 없다. 한국체제들의 경우도 마찬가지다. 한국헌정체제, 노동체제, 젠더체제 등이 '87년 체제'라는 식으로 하나의 일치된 시기 구분에 의해 작동하고 있다고 가정할 이유가 전혀 없다.

3. 한국사회체제: "87년 체제라고? 멍청하긴, 97년 체제야!"

한국사회체제 문제를 다루기 위한 좋은 출발점은 87년 체제론이다. 여기에서 확실히 하고 넘어갈 것은 87년 체제론에서 이야기하는 87년 체제의 명확한 '차원' 내지 '지평'이다. 쉽게 말해, 87년 체제론이 무슨 체제를 이야기하는 것이냐는 것이다.

처음 87년 체제론을 본격적으로 논의한 창비시민행동 공동 심포지엄과 후속 논의들을 보면 (개헌이라는 기획의 문제의식과 참가자들의 논의가 잘 보여주듯이) 87년 체제가 87년 헌법과 관련된 '헌정체제'라는 제한된 차원에서 논의한 것임을 알 수 있다. 구체적으로 참가자들인 홍윤기(2005: 13), 박명림(2005: 34) 등이 '87년 체제'를 "87년 헌정체제"라는 제한적 의미로 사용하고 있다. 일부 학자들의 경우 "87년 민주화체제"(유철규, 2005: 79), "87년 체제는 …… 지체된 민주주의체제"(윤상철, 2005: 96)라는 표현이 잘 보여주듯이, 헌정체제라기보다는 또 다른 부분 체제인 '민주화체제' 내지 '민주주의체제'로 사용하고 있다. 또 후속 논의에서도 박상훈(2009: 185)의 경우 87년 체제를 '정당체제'라는 차원에서 논의하고 있다. 즉 한국사회를 총괄하는 열린 총체성으로서의 '한국사회체제'라는 문제의식에서 논의한 것이 아니다. 그리고 이것은 정당한 문제의식이다.

문제는 일부 학자들이 이런 문제를 넘어서 하나의 총체적 사회체제로서 87년 체제가 아직도 한국사회를 지배하고 있다고 주장하고 나섰다는 점이다. 나아가 87년 체제론이 세속화되면서 그런 견해가 널리 보급된 것이다. 그 결과 이명박 정부가 들어서자 민주화를 넘어 선진화라는 의미에서 "87년 체제에서 08년 체제로"라는 담론까지 등장했다(이영성·김호기, 2007).

이런 입장을 대표하는 경우가 김종엽이다. 그 역시 "1987년 이후 현재에 이르는 우리 사회체제를 87년 체제라고 명명할 수 있는 일차적인 근거는 헌정적 통일성"라는 점을 인정하고 있다. 그러나 이것을 넘어서 "정치와 경제라는 두 축을 겹쳐서 87년 체제의 성격을 규정"한다고 주장한다(김종엽, 2005: 21). 즉 87년 체제가 단순한 부분 체제로서 헌정체제가 아니라 정치체제와 경제체제로 구성된 총체적인 사회체제라는 주장이다. 뿐만 아니라 이런 한국사회체제가 아직도 87년 체제라고 주장하고 있다.

주목할 것은 김 교수가 87년 체제론을 주장하기 위해 87년이 그 이전과 정치와 경제 두 측면에서 질적 전환점이었다는 것을 강조하고 있다는 점이다. 이것은 중요한 쟁점이다. 그러나 문제는 87년이 질적 전환점이었느냐 하는 게 아니라 오히려 87년 이후 이것에 상응하는 질적 전환점이 없었느냐 하는 것이다. 87년 이후 질적 전환이 없었을 때만 아직도 87년 체제를 이야기할 수 있기 때문이다. 그러나 질적 전환은 분명히 있었다. 그것은 1997년 IMF 경제위기와 신자유주의 전면화이다.

물론 박정희 모델과 발전국가가 해체되고 신자유주의정책이 도입되기 시작한 것은 훨씬 이전의 일이다. 즉 한국에서 신자유주의의 효시는 제2차 오일쇼크에 따른 경제위기 극복을 위해 박정희 정권이 1979년 도입한 경제안정화정책이라는 것이 정설이다(윤소영, 1999: 103). 나아가 전두환, 노태우 정권은 이런 정책을 더욱 가속화시켰고 김영삼 정권 역시 세계화라는 이름 아래 신자유주의 정책을 펴나갔다. 그러나 신자유주의가 전면화되어 체제적 전환을 이룬 것은 바로 97년이다. 즉 97년을 기준으로 이전의 발전국가에서 신자유주의로 경제체제가 질적으로 전환된 것이다. 한국 정치의 권위자 중 한 명인 브루스 커밍스가 1997년의 경제위기와 신자유주의정책을 발전국가에 의한 '후발 발전late development 모형의 종언'이라고 부른 것은 이런 이유 때문이다(Cumings, 1998).

이와 관련해 주목할 것은 87년 체제의 후속 논쟁에서 나타난 두 가지 입장이다. 하나는 87년 체제론 자체를 부정하는 입장이다. 즉 61년 체제와 97년 체제만이 체제의 성격을 갖고 87년 체제는 존재하지 않는다는 입장이다(정일준, 2007). 1987년에는 박정희의 국가주도형 경제체제로부터 '사회경제적 구조 전환'이 이루어지지 않았기 때문에 체제전환을 이야기할 수 없고, 97년에야 신자유주의체제의 도입과 함께 그 체제가 해체되었기 때문에 97년이 체제전환이라는 것이다. 김호기(2009, 125–126: 127) 역시 유사한 입장에서 "87년 체제란 민주화시대에 대응한다는 점에서 나름의 의미를 갖지만 정치사회적 과정인 민주화에 대등하는 경제체제가 모호"하다며 "87년 체제보다는 97년 체제가 이론적 적실성이 높다"고 주장하고 있다.

또 다른 입장은 조희연으로, 97년 체제의 등장을 주장하면서도 이것을 87년 체제의 하위 체제라고 주장하고 있다. 따라서 97년 이후는 97년 체제이지만 동시에 87년 체제라는 이야기이다. 구체적으로 97년 체제는 "97년 외환위기라는 사건과 97년 12월 김대중의 대통령 당선으로 인한 50년만의 반독재야당 정권의 수립이라는 두 사건"("50년만의"는 틀린 주장이다. 4.19학생혁명과 장면 정권의 수립이 있었으므로 '36년만의 반독재야당 정권의 수립'이 맞다. 이와 비슷한 주장이 "97년은 한국 현대사에서 최초의 여야간의 정권교체"라는 것이다. 60년의 장면 정권은 어디로 갔나?)에 의해 규정되는 체제이며, "87년 체제의 하위 체제적 성격"을 띤다(조희연, 2009a: 80).

이 둘은 다 문제가 있다. 전자는 사회체제를 (정치)경제체제와 정치체제의 두 측면에서 복합적으로 바라보는 것이 아니라 (정치)경제체제로 환원시키는 경제주의라면, 후자는 정치체제를 특권화하는 정치주의이다. 우선 전자는 김종엽이 87년 체제론에서 이야기하는 이전과의 경제적 단절이라는 것이 별것 아니며, 87년은 정치경제적 면에서 61년의 연장이고, 진정한 단절은 97년이라는 것을 밝혀준 것이 큰 공이다. 그러나 (정치)경제체제가 사회체제를 규정하는 데에서 핵심적이라고 하지만 정치체제 역시 중요하다는 점을 보지 못하고 있다. 결국 87년 이전과 87년 민주화 이후를 같은 체제로 이해하는 것은 지나치게 경제환원주의이다.

다른 한편, 조희연의 경우 87년 체제의 존재를 인정하면서도 김종엽과 달리 97년 체제의 존재 역시 인정한다는 점에서 진일보했다. 그러나 97년을 반독재야당 정권의 수립이라는 측면에서 민주화라는 87년 체제의 하위 체제로 본 것은 정치적 변화에 지나치게 초점을 둠으로써 97년에 61년의 (정치)경제체제의 변화에 상응하는 근본적인 (정치)경제체제의 전환이 일어났다는 것을 보지 못한 정치주의이다. 즉 97년 체제를 인정하면서도 절반밖에 나가지 못한 것이다. 물론 반독재야당 정권의 수립이라는 정치적 측면이 나름의 의미가 있지만 97년의 좀 더 근본적인 의미는 이런 정치적 측면보다 발전국가의 해체와 신자유주의의 전면화에 있다. 따라서 97년 체제는 87년 체제의 하위 체제가 아니라 61년 체제나 87년 체제와 같은 수준의 체제이며, 87년 체제를 대체한 것으로 보아야 한다.

물론 조 교수가 97년 체제에서 정치적 측면만이 아니라 외환위기라는 경제적 측면도 주목했다고 반론을 제시할지 모른다. 그러나 중요한 것은 97년에서 외환위기라는 사건만 주목했지 그 결과인 발전국가의 해체와 신자유주의의 전면화라는 경제체제의 근본적 전환을 보지 못함으로써 97년 체제를 87년 체제의 해체가 아니라 하위 체제로 인식하고 있다는 점이다.

사실 87년 체제론에 참여한 학자 중에서도 일부(유철규, 2005: 74-75)는 97년을 "경제체제system의 전환" 내지 "체제전환system transition"이라고 말하고 있다. 명시적으로 이야기하고 있지 않지만 내용적으로는 97년 체제론을 주장하고 있는 것이다. 그것뿐만이 아니다. 김종엽 자신(2005: 20)도 "경제체제의 수준에서 87년 체제는 외환위기를 기점으로 그전의 불확정적인 상태에서부터 신자유주의체제로의 이행경로 위에 서게 되었다"고 말하고 있다. 즉 자신이 사회체제를 구성하는 두 축이라고 말하는 정치와 경제 중 하나인 "경제체제의 수준"에서 97년에 질적인 변화가 일어났다는 이야기다. 따라서 사실상 87년 체제에서 97년 체제로 이행했다는 주장에 다름 아니다. 그러면서도 아직도 97년 체제가 아니라 87년 체제라고 이야기하니 기이한 일이다.

긴 말이 필요 없다. 비정규직의 일상화, 청년실업, 사회적 양극화 등 97년 이후 나타난 우리 사회의 근본적 변화를 두 눈을 뜨고 뻔히 바라보면서 한국의 사회체제가 아직도 87년 체제라고 주장하는 것은 현실에 눈먼 '색맹 사회과학'에 다름 아니다.[7] 97년 체제의 도입 이후 한국의 경제체제가 얼마나 변했는지는 97년 경제위기 직전 3.2퍼센트에 불과하던 외국인 주식 보유가 이후 40퍼센트 이상으로 급증한 것이 웅변적으로 보여주고 있다(Sonn, 2006: 204). 즉 소유라는 면에서 세계에서 가장 폐쇄적인 경제 중의 하나가 가장 개방적인 경제로 변모한 것

7 사실 경제와 정치체제가 아니라 불완전한 민주화라는 87년 체제의 특성과 관련해, 사회적 과제라는 측면에서 아직 87년 체제라고 주장할 수도 있다. 그러나 이 역시 97년 이후 나타난 신자유주의의 문제를 과소평가한 잘못된 주장이다.

이다.

1992년 미국 대선 당시 이라크전쟁에 전력투구하고 있는 부시 대통령에 대항해 민주당의 클린턴 후보는 "문제는 (전쟁이 아니라) 경제야, 멍청하긴!"이라는 구호를 들고 나와 승리한 바 있다. 이 구호를 변형하자면 "87년 체제라고? 멍청하긴, 문제는 97년 체제야!"라고 말할 수 있다.

그러면 현 시점에서 87년 체제는 더는 의미가 없는 것일까? 아니다. 아래에서 살펴보겠지만 헌정체제, 정치균열체제 등 다양한 부분 체제로서 87년 체제는 아직도 유효하다. 나아가 사회체제라는 점에서도 97년 체제의 정치체제 부분이 기본적으로 불완전한 민주화('제한적 정치적 민주주의')라는 87년 체제의 성격을 기본적으로 계승하고 있다는 점에서 97년 체제의 한 부분으로서 부분적으로, 그리고 간접적인 방식(97년 체제를 통하는)을 통해 영향력을 계속 유지하고 있다.

이런 전제 아래 해방 이후 한국사회체제의 역사적 변화와 시기별 특징을 요약하면 다음과 같다.[8]

8 개인적으로 90년대 후반 최장집과 한일 공동연구를 하면서 일본의 55년 체제와 비유해 "한국판 55년 체제인 61년 체제"라는 개념을 사용해, 87년을 61년 체제의 정치체제를 해체한 '제1의 전환', 97년을 61년 체제의 정치경제체제를 해체한 '제2의 전환'이라고 주장한 바 있다(손호철, 1999: 245-247쪽). 이후 이런 문제의식을 발전시켜 해방 후 나타난 '48년 체제', 이것을 대체한 '61년 체제', 이중 정치체제를 해체한 '87년 체제', 정치경제체제를 해체한 '97년 체제'라는 체제 변화의 시계열을 제시함으로써 아래 주장의 기본틀을 제시한 바 있다(손호철, 2006a: 11-13). 그리고 아래 표와 주장은 이를 체계화한 것이다.

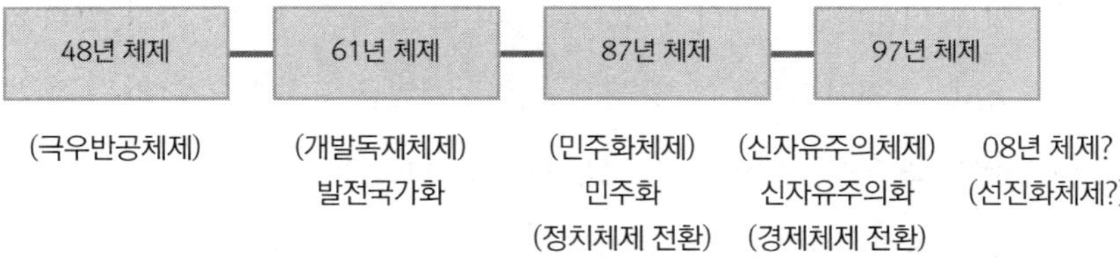

그림 1. 한국사회체제의 역사적 변화

표 1. 한국사회체제의 시기별 특징

	48년 체제	61년 체제	87년 체제	97년 체제
정치	권위주의	권위주의 (종속적 파시즘?)	제한적 정치적 민주주의	
정치 경제	'시장경제'	발전국가	(약화된) 발전국가	신자유주의
	종속적 자본주의	종속적 국독자	종속적 국독자	
	테일러주의	테일러주의→포드주의	포스트포드주의	

가. 48년 체제

48년 정부수립과 함께 출범한 48년 체제는 국가보안법으로 상징되는 극우반공체제였다. 그 정치경제적 특성은 귀속재산 처리, 원조물자 불하 등에서 나타난 '관료자본주의'적 성격에도 불구하고 기본적으로 '자유 시장경제체제'였다. 다시 말해 최근의 생산체제production regime론에 따르면(Hall & Soskice, 2001), '자유주의적 시장경제'체제였다. 즉 경제개발계획 등을 통해 경제발전을 추구했던 박정희 정권식의 발전국가의 요소를 갖지 않았고 은행을 비롯한 주요 산업시설들을 귀속재산 처리라는 이름 아래 사영화privatization했다. 그리고 농지개혁을 통해 과거의 식민지반봉건사회적 성격을 벗어나 종속적 자본주의적 성격을 갖추었고, 축적양식에서는 장시간노동에 저임금을 특징으로 하는 유혈의 주변부 테일러주의였다(손호철, 2006a: 217–222).

한편 정치체제 면에서는 민주주의와는 거리가 먼 '전통적인' 권위주의체제였다. 다만 그런 억압성은 민중 배제적인 종속적 산업화 전략과 밀접한 관련이 있는 이후 시기와 달리 분단의 대치 상황과 자본주의적 토대가 제대로 갖추어지지 않은 상황에서 자본주의적 길을 강제하기 위한 '정치군사적'인 측면이 강했다(손호철, 2003: 254–255).

나. 61년 체제

61년 5.16군사쿠데타는 전후 한국정치경제와 정치의 기본 틀을 만들었다는 점에서 '한국판 55년 체제'라고 할 수 있는 61년 체제[9]를 우리 사회에 도입했다. 61년 체제의 핵심은 (정치)경제체제로서 '발전국가'라고 부르는 국가주도형 경제체제이다(White, 1988; 이병천, 1998).[10] 생산체제도 이승만 시대의 자유주의적 시장경제체제에서 집단조정체제 group–based coordination regime로 변화했다(Hall & Soskice, 2001: 34;

9 발전국가 모델은 제1차 경제개발 5개년 계획의 원안이 실패하고 수정안이 도입된 63년 만들어진다는 점에서 엄밀하게 이야기하면 63년 체제가 맞지만, 관행에 따라 61년 체제라고 부르고자 한다.

10 개인적으로 발전국가론을 수용해 일찍이 발전국가라는 개념을 일찍이 사용했지만 (손호철, 1995: 30–32), 이를 이 시기 한국정치경제체제를 이해하는 데 핵심적인 개념이라고 생각하지 않았다. 대신 '종속적 국가독점자본주의' 같은 자본주의 성격이 핵심이라고 생각했다. 하지만 97년 신자유주의정책이 전면화된 이후 97년 이전과 이후의 차이를 인식하게 하는 개념으로 발전국가를 재평가하게 됐다. 이에 대해서는 손호철, 2006a: 136–139.

손호철, 2006a: 224). 자본주의의 성격도 시간이 흐르며 종속적 국가독점자본주의(이하 종속적 국독자)로 발전해갔고, 축적체제도 70년대 중화학공업화 이후 테일러주의에서 포드주의로 발전해 포드주의적 종속적 국독자가 자리잡게 됐다.[11]

정치체제라는 면에서 보면 61년 체제는 억압성과 권위주위라는 면에서 48년 체제와 단절성보다는 연속성이 강하다. 그러나 48년 체제의 단순한 전통적 권위주의로부터 군부가 권력의 핵심으로 부상하고 그 억압성이 민중 배제적인 종속적 산업화와 밀접한 관련이 있는 '관료적 권위주의' 내지 '종속적 파시즘' 체제로 '변화'했다(손호철, 2006a: 151~158).[12] 72년 유신 선포와 함께 파시즘 내지 관료적 권위주의가 강화됐지만 이런 유신체제(72년 체제)는 61년 체제의 하위 체제로 61년 체제 내의 변형이었다.

다. 87년 체제

1987년 6월항쟁의 결과로 출범한 87년 체제는 종속적 파시즘 내지 관료적 권위주의라고 불리던 억압적 정치체제의 해체를 특징으로 한다. 즉 민주화 시대의 문을 연 것이다. 그러나 '완전한' 정치적 민주주의 내지 자유민주주의체제가 아니라 여전히 특정한 사상과 정당을 금지하는 '제한적 정치적 민주주의'(O'Donnell & Schmitter, 1986: 13), 그리

11 여러 문제가 있지만 97년 경제위기 이후 문제의식이 다른 국독자론과 조절이론을 결합해 이런 이론화를 하게 된 이유에 대해서는 손호철, 1999: 160과 246의 주 참조.

12 이에 대해서는 손호철, 2006a: 132-162 참조.

고 전근대적인 사당정치, 제왕적 대통령(위임민주주의)과 지역주의라는 3김정치가 새로운 정치체제의 특징으로 자리 잡았다.

반면 경제체제의 경우 61년 체제의 핵심인 발전국가를 해체하기보다는 계승하고 있다(이것 때문에 앞에서 보았듯이 일부에서는 87년 체제란 존재하지 않는다고 주장하고 있다). 구체적으로, 박정희 정권이 1979년 도입한 경제안정화정책을 시발로 도입된 신자유주의정책을 노태우 정권이 계승하고 김영삼 정권 역시 세계화라는 이름 아래 이를 가속화시켰지만 61년 체제(발전국가)와 질적 단절을 하지는 못했다. 따라서 기껏 이야기해야 '약화된 발전국가'라고 할 수 있다. 자본주의적 성격도 일부 포스트포드주의가 90년대 들어 도입되기는 하지만 (주변부) 포드주의적 국독자라는 성격을 유지해갔다.

라. 97년 체제

97년 경제위기의 결과로 도입된 97년 체제는 (정치)경제체제라는 면에서 그동안 한국사회를 지배해온 발전국가를 완전히 해체하고 영미식 신자유주의를 전면화한, 전혀 새로운 체제이다. 주요 국영기업의 사유화, 국내 주요 금융기관과 기업의 해외 매각, 노동의 유연화, 규제완화 등 한국경제는 근본적인 변화를 경험했다. 즉 정치체제와 달리 경제체제라는 면에서는 61년 체제를 계승한 87년 체제와 질적 단절이 생겨났다. 한국의 자본주의의 성격도 포드주의적 국독자에서 노동의 유연성을 특징으로 하는 포스트포드주의적 국독자로 전환했다(김세균, 1988; 손호철, 1999: 246-247). 그 결과 비정규직이 일상화되고 사회적 양극화가 심화되는 등 한국사회는 근본적인 변화를 겪게 됐다.

반면 정치체제의 경우 87년 체제의 연장선상에 있다. 물론 한국전쟁 이후 최대의 국난이라는 경제위기에 힘입어 36년 만에 여야 간의 정권교체에 의해 반독재민주 정권이 들어서고 노동조합의 정치참여 허용(김대중 정부), 사당정치 극복(노무현 정부) 등의 일정한 민주주의의 전진이 있었다(손호철, 2007: 373-380). 그러나 사상의 자유는 계속 제약되어 제한적 정치적 민주주의를 벗어나지 못했다.

마. 08년 체제?

주목할 것은 한쪽에서 벌써부터 08년 체제를 이야기하고 있다는 사실이다. 이명박 정부가 들어서자마자 '민주화를 넘어 선진화'라는 의미에서 "87년 체제에서 08년 체제로"라는 담론까지 등장했다(이영성·김호기, 2007).[13] 이런 담론이 기본적으로 저널리즘적 담론이었다면 좀더 심각한 학문적 담론도 나오고 있다.

조희연은 이명박 정부 출범으로 2008년 체제가 들어섰다며, 이것은 "60년대 개발독재적 보수의 개발주의를 계승하면서도 그것과는 다른 '신자유주의적 성장 프레임'을 선진화라는 이름으로 전면화한 보수세력이 재집권한 체제"(조희연, 2009a: 82)라고 주장하고 있다. 이 수준이 87년 체제와 같은 수준인지 아니면 조 교수가 그 하위 체제라고 주

13 김영삼 정부의 세계화 담론과 OECD가입 등도 기본적으로 선진화 담론이었다는 점에서 87년부터 07년까지를 민주화를 중심으로 한 87체제, 08년 이후를 선진화를 중심으로 한 08년 체제로 보는 것은 잘못이다.

장하는 97년 체제와 같은 수준인지는 분명하지 않다. 그러나 어느 수준이건 문제가 많다. 다시 말해, 분석적 개념이 아니라 이명박 정부를 지칭하는 서술적 용어로, 나아가 97년 체제의 하위 체제로 이야기하는 것 이외에는 08년 체제를 이야기할 근거는 아직은 없다.

조 교수는 97년 체제를 "반독재야당세력이 집권한 체제", 08년 체제를 "보수세력이 재집권한 체제"로 보는 등 체제의 전환을 '집권세력의 교체'에서 찾고 있는 듯하다. 물론 세력 교체는 중요하다. 그러나 이런 이해 방식은 잘못된 것이다(국가의 성격을 집권세력의 인적 성격에서 유추하는 '도구주의 국가론'이다). 이런 논법이라면 87년에 군사독재세력이 계속 집권했다는 점에서 87년 체제는 없다! 체제전환의 기준은 세력 교체 그 자체가 아니라 정치체제 내지 (정치)경제체제의 전환이다. 따라서 문제는 2008년에 정치체제나 (정치)경제체제에서 1987년이나 1997년 같은 수준의 변화가 일어났느냐는 것이다. 아직까지는 그렇지 않다.

물론 정치체제 수준에서 이명박 정부 들어 '재권위주의화'가 일어나고 있다. 노무현 대통령의 최대 업적인 대통령의 탈권위주의화가 뒷걸음쳐 제왕적 대통령이 살아나고 있으며, 사상의 자유(사노련사건), 언론의 자유(YTN노조 위원장 구속, 〈PD수첩〉 PD 체포 등), 표현의 자유(미네르바 구속), 집회의 자유(촛불시위 구속 등)가 후퇴하고 있다(손호철, 2009a). 그러나 '예외국가' 복귀 내지 '(민간) 파시즘'을 이야기하기에는 시기상조이다(손호철, 2009b).

(정치)경제체제도 마찬가지다. 물론 이명박 정부가 세계적인 탈신자유주의 추세와는 정반대로, 나아가 김대중, 노무현 정부와 달리 감세, 금산분리 완화, 출총제 폐지 등의 정책을 추진하고 있다. 그러나 이

것은 97년 이후 그동안 진행되어온 신자유주의의 심화를 의미할 뿐 97년 체제에서 벗어난 것은 아니다. 다시 말해, 김대중, 노무현 정부의 '좌파 신자유주의'와 구별되는 '우파 신자유주의'를 의미한다(사실 노무현 대통령은 진보 진영의 비판에 대해 자신을 '좌파 신자유주의'라고 변명한 바 있다〈노무현, 2006〉. 당시는 그런 말이 "말이 되지 않는 형용모순"이라고 생각했지만 이명박 정부의 정책을 보면서 나름대로 의미 있는 개념이라고 다시 생각하게 됐다). 따라서 08년 체제는 97년 체제를 대체하는 대안 체제가 아니라 기껏해야 97년 체제의 하위 체제로 이야기할 수 있을 뿐이다.

바. 한국사회체제와 정치균열구조

한국사회체제 분석을 마치고 부분 체제 문제로 넘어가기에 앞서 이런 사회체제 분석을 2009년 현재 한국의 정치균열구조, 나아가 이와 관련된 사회운동적 과제들과 관련해 검토해볼 필요가 있다. 2009년 4.29 재보궐선거에서 나타난 것처럼 한국의 정치균열구조는 매우 복합적이다.

그중 한나라당내의 친이 대 친박, 민주당 내의 정세균 대 정동영, 진보 진영 내의 민주노동당 대 진보신당 같은 내부 갈등을 일단 논외로 할 경우, 그 균열구조 내지 전선은 그림 2와 같다. 이것은 위에 논의한 체제들과 긴밀히 연결되어 있다.

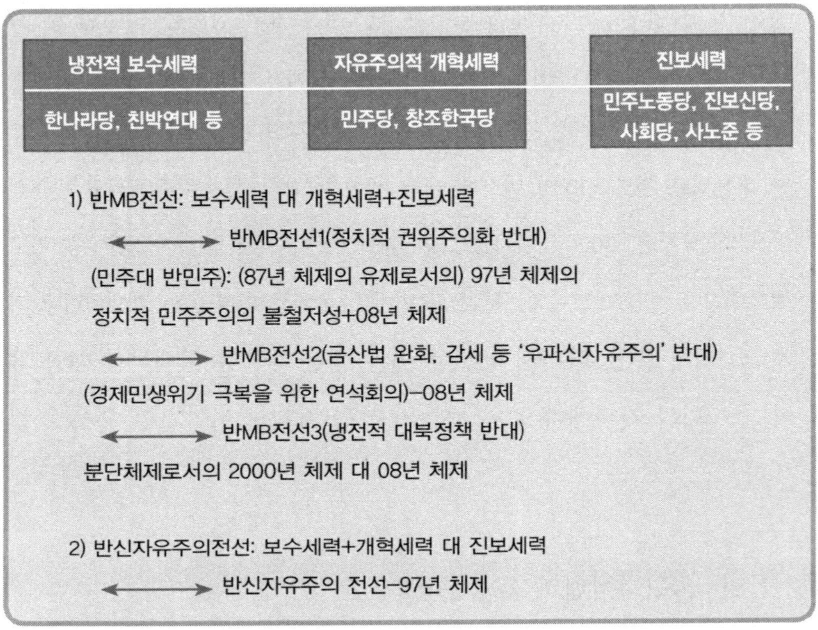

그림 2. 한국사회의 정치균열구조

4. 한국의 부분 체제들 : 몇 가지 예시

이 장에서는 앞에서 이야기한 열린 총체성으로서 '한국사회체제'를 전제로 해서 다양한 부분 체제들의 역사적 변화를 예시적으로 살펴보고자 한다. 나아가 다양한 부분체제로서 87년 체제의 현재성을 비판적으로 평가해 보고자 한다.

가. 헌정체제

부분 체제들 중 가장 분석하기 쉬운 것이 바로 헌정체제이다. 왜냐하면 헌법 개정이라는 명확한 기준이 존재하기 때문이다.

한국헌정체제는 1948년 제헌헌법 제정과 함께 출범한 48년 체제 이후 52년 체제, 54년 체제, 60년 체제, 62년 체제, 69년 체제, 72년 체제(유신체제), 80년 체제를 거쳐 현재의 87년 체제에 이르고 있다. 각 헌정 체제의 핵심 내용은 다음과 같다(박인수, 2006: 105-122).

48년 체제는 제헌헌법체제로서 간선제 대통령제, 천연자원과 운수, 통신, 보험, 전기 등 기간산업의 국유화, 경자유전 원칙에 따른 농지개혁을 특징으로 한다. 해방정국의 좌파 지배적 분위기를 반영해 상당히 진보적이었다(손호철, 1991: 166-168). 52년 체제는 한국전쟁 중 부산 파동을 통해 이승만 대통령이 강제한 것으로, 대통령과 부통령의 직선제를 도입한 것이 주내용이다. 54년 체제는 한국전쟁이 끝나자 제헌헌법에 내재해 있던 국가자본주의적인 요소를 제거해 자유시장경제체제로 대폭 수정했고, 초대 대통령에 대해 중임 제한 규정을 철폐했다.

4.19학생혁명의 결과로 등장한 60년 체제는 대통령제의 폐해에 대한 반작용으로 내각책임제를 도입했다. 또 4.19의 성과로 기본권이 강화되고, 경찰과 공무원의 정치적 중립이 보장됐으며, 지방자치단체장의 선거제가 도입됐다. 5.16군사쿠데타 이후 도입된 62년 체제는 다시 대통령중심제를 복원시켰으며 사법부의 위헌심사권을 도입했다. 박정희의 3선 출마를 위해 만들어진 69년 체제는 대통령 3선을 허용하고 대통령 탄핵소추 요건을 강화했다. 유신체제인 72년 체제는 체육관 선

거의 뿌리인 대통령 간선제를 도입했고 대통령에게 국회의원 3분의 1의 임명권과 법관 임명권을 부여했으며, 기본권과 노동 3권을 대폭 제약한 가장 반민주적인 체제였다. 전두환 등 신군부가 5.18 광주학살 후 도입한 80년 체제는 유신체제에 대통령의 임기를 7년 단임제로 바꾼 것이었다.

6월항쟁의 결과로 나타난 87년 체제는 대통령 직선제와 5년 단임제를 중심으로 국회의 행정부와 사법부 견제권을 강화해 의원내각제적 요소를 가미했다. 이밖에 헌법재판소 제도 도입, 언론, 출판, 집회, 결사에 대한 허가제와 검열제 금지, 경제의 민주화 규정, 여성, 노인, 청소년, 신체장애자의 복지 향상 규정 보완 등을 특징으로 한다. 현재 우리를 지배하는 헌정체제가 이 87년 체제로, 이 체제의 한계가 87년 체제 논쟁의 출발점이었다. 따라서 부분 체제인 헌정체제로서의 87년 체제는 현재진행형이다.

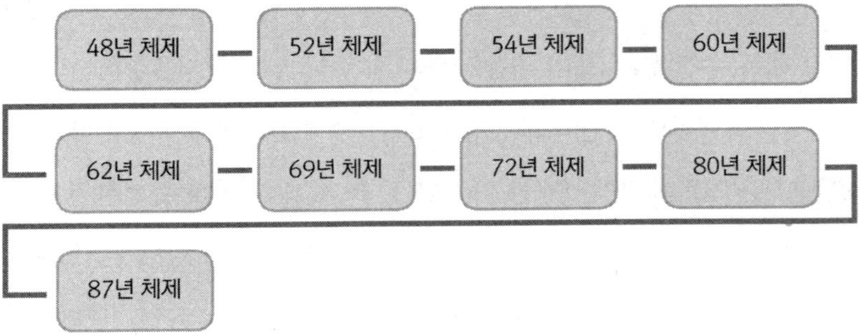

그림 3. 한국사회의 헌정체제

나. 노동체제

헌정체제 다음으로 논의하기 쉬운 것이 노동체제이다. 관련 연구가 상당히 축적됐기 때문이다. 임영일(2003: 24)은 노동체제를 "특정한 자본 축적체제에 조응하여 형성되는 노동통제, 노동시장, 그리고 노동운동의 특정한 유형들이 유기적으로 결합되어 구성되는 포괄적인 계급관계"라고 규정하고 있는 바, 이것은 48년 체제, 61년 체제, 87년 체제, 97년 체제로 변화해 왔다.

48년 체제는 이승만을 위한 대한노총의 주기적인 관제 시위가 상징하듯이 전근대적인 후견주의적 동원을 가미한 배제를 특징으로 한다면(손호철, 2006a: 221~222), 박정희 정권이 도입한 61년 체제는 과거의 기업별 노조를 산별노조로 전환하고 이것을 통해 국가의 통제를 체계화한 국가코포라티즘 체제를 특징으로 한다(최장집, 1988). 이 체제는 유신을 통해 그 억압성이 강화되고 80년 5.18 이후 국보위가 산별체제를 기업별 노조로 바꾸고 3자 개입을 제도하는 등 그 억압성이 강화돼갔지만 기본틀은 61년 체제 안에서 일어난 변형이라고 봐야 한다. 즉 유신의 72년 체제와 신군부의 80년 체제는 61년 체제의 하위 체제였다.

반면에 87년 체제는 억압적 국가코포라티즘 체제가 해체되기 시작하지만 노동자들의 정치, 사회, 경제적 권리가 여전히 확보되지 못한 불안정한 과도기 체제였다(임영일, 1997; 노중기, 1997; 정영태, 2005: 52). 이런 87년 체제는 97년 경제위기와 함께 해체되고 97년 체제가 성립된다. 97년 체제의 성격에 대해서는 그 핵심 내용인 신자유주의적 반노동성에 주목해 '종속적 신자유주의 체제'로 보는 견해(노중기, 2007: 141)와 노사정위원회라는 사회합의체적 형식을 주목해 '유사 사회코포라티즘 체제'(정병기, 2008: 219-222)로 보는 견해가 경쟁하고 있다.

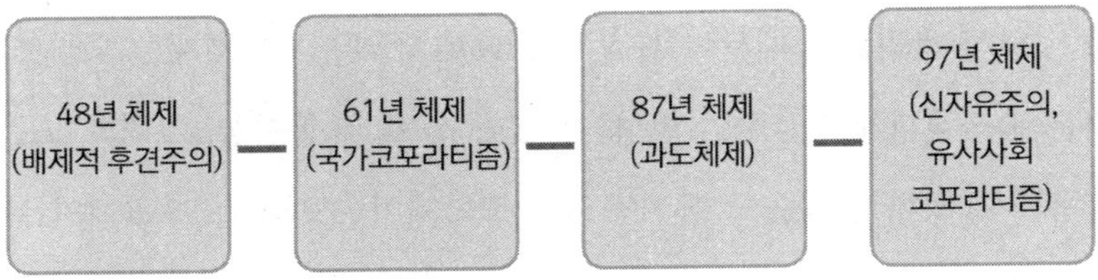

그림 4. 한국사회의 노동체제

다. 민주주의체제

정치적 민주주의체제는 정치체제와 밀접히 관련이 있으므로 사회체제의 두 구성요소 중 하나인 정치체제의 변화와 밀접하게 연관이 있다. 그러나 87년 체제에 의한 정치적 민주주의의 복원 후 정치적 민주주의는 일정한 변화를 거쳐왔다고 할 수 있다.

정치적 민주주의체제로서 87년 체제는 앞에서 지적했듯이 '온전한' 정치적 민주주의 내지 자유민주주의체제가 아니라 여전히 특정한 사상과 정당을 금지하는 '제한적 정치적 민주주의'(O'Donnell & Schmitter, 1986: 13), 그리고 전근대적인 사당정치, 제왕적 대통령과 지역주의라는 3김정치를 핵심적인 특징으로 하고 있었다. 이것은 2003년에 변화를 겪게 된다. 즉 노무현 정부 들어 제한적 정치적 민주주의와 지역주의에는 큰 변화가 없었으나 사당정치와 위임민주주의가 혁파(탈권위주의)된 것이다. 따라서 87년부터 02년까지를 민주화 1기라고 한다면 03

년부터는 03년체제를 특징으로 하는 민주화 2기라고 할 수 있다(손호철, 2006a: 373-378).

물론 97년 반독재야당 정권의 수립이라는 역사적 사건이 있었지만 87년 체제를 대체하는 97년 체제를 이야기하기는 어렵다. 역사적 사건에도 불구하고 97년 이전과 이후가 제한적 정치적 민주주의, 사당정치, 위임민주주의라는 면에서 질적인 변화가 없었기 때문이다. 오히려 정치적 민주주의체제로서 97년 체제는 87년 체제의 하위 체제였다. 이런 점에서 "97년 체제는 87년 체제의 하위 체제"라는 주장은 사회체제social system 수준에서는 틀린 이야기지만 민주주의체제democracy regime라는 측면에서는 맞는 이야기이다.

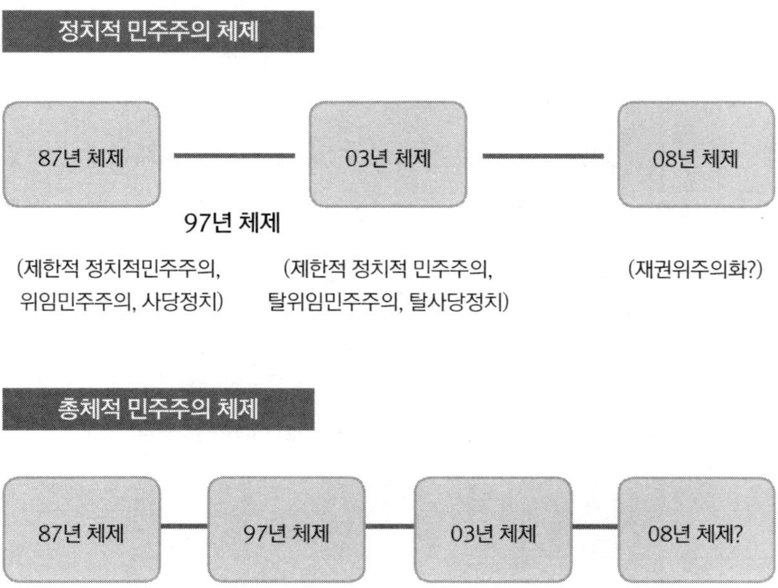

그림 5. 한국사회의 민주주의체제

나아가 이명박 정부 들어 사상, 집회, 결사, 표현의 자유가 후퇴하고 위임민주주의도 되살아나고 있다는 점을 주목할 필요가 있다. 물론 08년 체제를 말하기는 시기상조이지만 이런 민주주의의 후퇴가 어느 선을 넘을 경우 08년 체제를 이야기할 수 있을 것이다.

그러나 정치적 민주주의를 넘어서 사회경제적 민주주의를 포함한 '총체적 민주주의'체제를 살펴보면 다소 차이가 생긴다. 즉 97년 경제위기 이후 사회적 양극화가 초유의 수준으로 심화되는 등 경제민주주의의 위기가 극심해졌다는 점에서(손호철, 2006a: 381), 87년 체제, 03년 체제와 같은 수준에서 97년 체제를 이야기할 수 있을 것이다.

라. 분단체제

분단 문제와 관련된 분단체제는 보기에 따라 사회체제의 상위 체제일 수도 있고, 또 다른 부분 체제일 수도 있다. 분단체제론의 효시인 백낙청 교수(1992)처럼 이것을 남북한을 어우르는 체제로 이해할 경우 한국사회체제 위에 존재하는 상위 체제일 것이다. 그러나 한국사회 여러 측면의 하나(분단과 관련된)로 이해할 경우 이것은 또 다른 부분 체제일 것이다. 그러나 어느 입장을 취하든 분단(또는 분단체제)이 극복되지 않았다는 점에서 아직도 48년 체제[14]가 계속되고 있다고 볼 수 있다.

---

14 백낙청 교수는 이를 분단이 최종 봉인된 것이 53년이라는 점에서 53년 체제라고 부르고 있다(백낙청, 2009: 62). 맞는 이야기이다. 그러나 다른 체제들에서 논의된 48년 체제와의 일관성을 위해 이 글에서는 분단 정부들이 수립된 48년을 기점으로 해 48년 체제라는 용어를 사용하고자 한다.

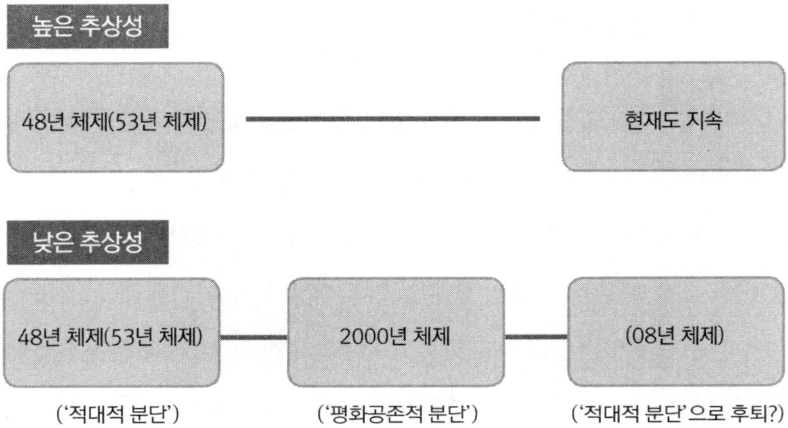

그림 6. 한국사회의 분단체제

그러나 추상성을 낮춘 경우 분단체제는 '적대적 분단'내지(적대적 대립)을 특징으로 하는 48년 체제와 2000년 남북정상회담 이후 '평화공존적 분단'(비적대적 평화공존)을 주된 특징으로 하는 2000년 체제[15]로 나누어 볼 수 있다. 한편 이명박 정부 들어 이런 평화공존적 분단이 다시 적대적 분단으로 돌아가고 있는 경향이 강하다는 점에서 08년 체제를 이야기할 수 있을 것이다. 그리고 다양한 차원의 08년 체제 주장 중 분단체제로서 08년 체제가 현 시점에서는 가장 설득력이 있어 보인다. 즉 다른 체제들에 견줘 08년이 분단체제라는 면에서 과거와 단절성이 가장 크다는 이야기이다.

15 백낙청 교수 역시 2000년 체제라는 말을 쓰지 않았지만 2000년을 분단체제의 '동요기' 내지 '해체기'의 분기점으로 보고 있다(백낙청, 2009: 62-63).

마. 정치균열체제와 정당체제

다음은 서로 밀접하게 연관이 있는 정치균열체제와 정당체제 문제이다. 정치균열체제라는 점에서 좌우익이 친일파 척결, 농지개혁 등으로 갈등한 45년 체제가 한국전쟁과 함께 해체된 뒤, 53년 체제가 한국정치를 지배해왔다.[16] 53년 체제는 전후 한국정치를 지배해온 기본틀로서 분단체제가 완결되면서 진보세력이 소멸하고, 억압적 정치체제가 일상화되면서 '민주 대 반민주'의 대립이 모든 것을 압도한 체제이다.

그러나 1980년 5.18 광주학살과 함께 진보세력이 부활하고 '진보 대 보수'가 '민주 대 반민주'의 부차적 균열 구조로 등장하게 된다. 이것이 80년 체제이다. 그리고 87년 민주화와 함께 87년 체제가 등장한다. 이것은 '지역주의' 내지 '지역균열 구도'의 압도적 우위 아래 (약화됐지만 소멸하지 않은) 민주 대 반민주 구도와 (부상하고 있지만 아직 제대로 자리잡지 못한) 진보 대 보수 구도가 부차적 균열 구조로 결합되어 있는 체제로서, 아직도 이 체제가 지배하고 있다.

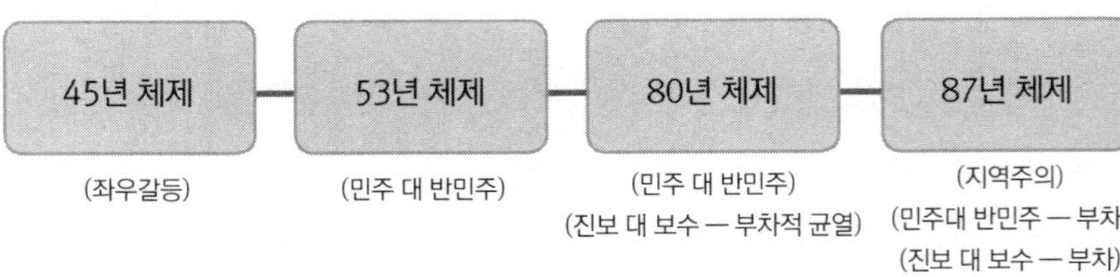

그림 7. 한국사회의 정치균열체제

16 이런 체제 변화는 손호철, 1999: 265-269.

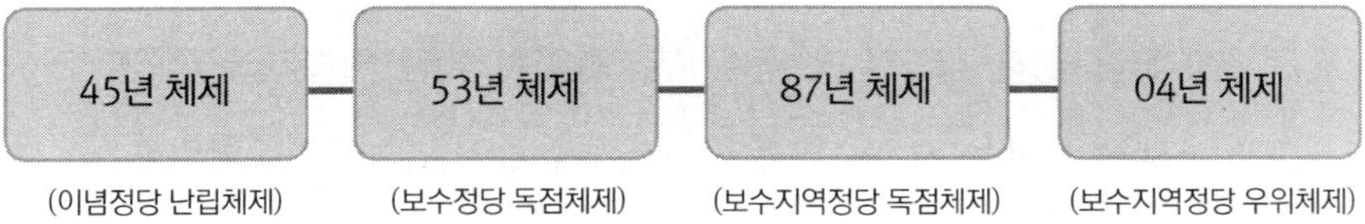

그림 8. 한국사회의 정당체제

정치균열체제의 하위 체제인 지역균열체제는 1) 4개 지역당이 경쟁하는 지역할거체제(87년 체제), 2) 3당통합에 따른 지역패권체제(90년 체제), 3) 지역패권체제의 해체와 재할거화체제(95년 체제)로 나뉜다(손호철, 1999: 295–300).

정당체제의 경우 비슷하면서도 약간 그림을 달리한다. 우선 45년 체제는 좌우이념정당이 난립한 이념정당 난립체제였다. 전후 질서를 대표하는 53년 체제는 보수정당들이 경쟁하는 보수정당 독점체제였다면, 87년 체제는 보수정당들이 지역에 기반해 경쟁하는 거대보수지역정당 독점체제였다. 그리고 마지막으로 04년 체제로 민주노동당이라는 진보정당이 원내에 진입함으로써 보수 독점이 깨지고 보수 우위로 변화한 거대보수지역정당 우위체제이다.

바. 사회운동체제

사회운동체제라는 면에서 우선 생각할 수 있는 것은 다양한 좌우익 운동이 분출되고 충돌한 45년 체제이다. 그 뒤 나타난 것이 53년 체제로, 해방 8년사의 종식과 함께 진보운동이 사라지고 자유주의 반독재민주화운동이 지배했던 것이 이 체제의 특징이다. 이후 80년 5.18민중항쟁과 함께 진보적 민중운동이 부활하면서 80년 체제가 등장한다. 그러나 80년 체제는 자유주의 운동과 진보운동이 반독재민주화라는 압도적 과제 앞에서 단결한 것을 또 다른 특징으로 한다.

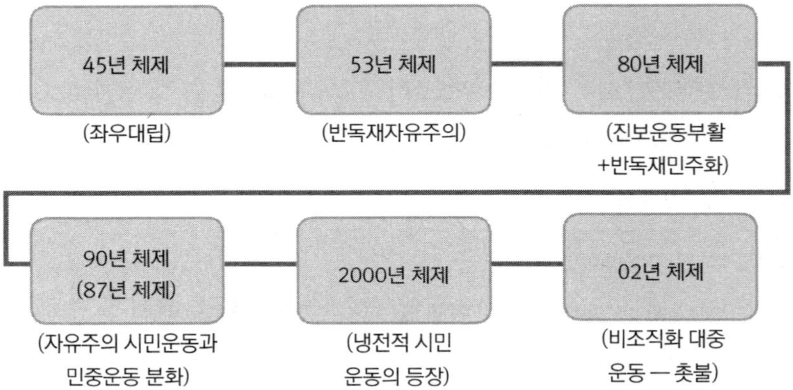

그림 9. 한국사회의 사회운동체제

87년 6월항쟁으로 민주화가 진전하면서 이런 단결은 깨어지고 분열이 시작된다. 이 분열을 87년 노동자대투쟁으로 보는 경우 새 체제는 87년 체제가 될 것이고, 경실련 같은 시민단체가 등장해 전통적인 민중운동을 공격하기 시작한 것을 기준으로 하면 새 체제는 90년 체제가 될 것이다. 97년 김대중 정부 출범 이후, 특히 2000년 남북정상회담 이후 냉전적 보수세력이 위기의식을 느끼고 조직화해 시민운동에 나섬으로써 진보 민중단체, 자유주의 시민단체, 냉전 시민단체(뉴라이트)가 경쟁하는 체제가 들어선다. 그것이 2000년 체제이다.

마지막으로 2002년 체제이다. 이는 위의 다양한 이념의 조직화된 운동단체들과 달리 일반 대중들이 인터넷 등을 통해 자발적으로 모여 운동을 하는 새로운 체제이다. 한 연구자(조대엽, 2009: 10-13)가 '유연 자발집단' 내지 '제4의 결사체'라고 부른 새로운 세력이 중심이 된 이 체제는 2002년 효순미선 여중생 사망 사건에 대한 항의로 촉발된 촛불집회가 그 시작으로, 그 뒤 2004년 탄핵반대 촛불시위를 거쳐 2008년 역사적인 광우병 관련 촛불집회로 발전한 바 있다(박영균, 2008).[17]

5. 남은 과제들

이 글은 열린 총체성으로서 한국사회체제와 부분 체제들이라는 문제의식에서 한국체제론과 관련된 이론적 문제들을 검토한 뒤 실증적으로 분석해보았다. 특히 사회체제라는 면에서 48년 정부수립 이래 현재에 이르는 우리 사회의 역사적 변화를 체계화하는 한편, 우리가 더 이상 87년 체제가 아니라 97년 체제 속에 살고 있으며 08년 체제를 이야기하는 것은 시기상조라는 점을 그동안 진행된 논의들을 비판적으로 검토함으로써 보여주었다.

나아가 헌정체제, 노동체제, 민주주의체제, 분단체제, 정치균열체제, 정당체제, 사회운동체제 등 다양한 부분 체제들의 역사적 변화를 예시적으로 살펴보았다. 이것을 통해 87년 체제가 사회체제 수준에서

---

17 이에 대해서는 "특집: 촛불의 등장, 촛불의 현재, 촛불의 미래", 『진보평론』 37호(2008년 겨울호) 등 참조.

는 이미 죽은 과거의 일이지만, 다양한 부분 체제의 수준에서는 아직 의미가 있다는 것을 알 수 있었다.

결국 앞으로 체제 논의를 위해서는 이 글에서 간략하게 서술한 한국사회체제의 역사적 변화와 각 시기의 특징, 그리고 예시적으로 보여준 다양한 부분 체제들의 역사적 변화와 그 특징들을 좀더 깊이 있게 연구해야 할 것이다. 또한 이 글에서 다루지 못한 젠더체제 등 다양한 다른 부분 체제들에 대해서도 깊이 있는 연구를 진행함으로써 부분 체제들에 대한 지식을 축적해 나가야 한다.

2장

97년 체제론은 경제주의인가?

—조희연·서영표와의 논쟁

2장
97년 체제론은 경제주의인가?[1]: 조희연·서영표와의 논쟁

1. 왜 다시 97년 체제론인가?

몇 년 전부터 한국사회과학에 유행하고 있는 중요한 담론이 '87년 체제'다. 이 87년 체제론(김종엽, 2009)은 여러 기여에도 불구하고 이론적 엄밀성의 결여와 현실적 분석의 부적실성 등으로 많은 폐해를 만들었다. 이 같은 문제와 관련해 필자는 얼마 전(2009년)에 87년 체제와 97년 체제, 08년 체제를 중심으로 진행된 그 간의 체제논쟁을 비판적으로 검토하는 글을 발표했다(손호철, 2009c). 특히 그 글은 87년 체제론의 주된 주창자인 창비그룹뿐만 아니라 조희연 등 후속논쟁에 가담한 다양

1 이 글은 2009년 가을『마르크스주의연구』에 "'사회학적 서술주의'와 추상성의 혼돈을 넘어서: 조희연, 서영표의 체제론에 대한 반론"(손호철, 2009l)이란 제목으로 발표한 바 있다.

한 학자들의 글(조희연, 2009a; 정일준, 2007; 김호기, 2009 등)도 비판적으로 검토했다.

이와 관련해, 최근 조희연과 서영표가 『마르크스주의 연구』에 반론의 형식으로 새로운 주장을 한 바 있다(조희연·서영표, 2009). 그리고 이 글의 일부가 진보언론에 보도되면서 이를 둘러싼 추가논쟁이 있었다(정상근, 2009; 손호철, 2009f; 서영표, 2009; 손호철, 2009g; 조희연. 2009b). 이미 이 추가논쟁을 통해 지적했듯이 조희연, 서영표의 비판 중 상당부분은 필자의 글에 대한 잘못된 독해에 의한 것으로 필자의 원래의 글을 꼼꼼히 읽어보면 해결될 문제라고 생각한다. 그렇지만 일부 주장의 경우 새로운 논점을 제기하고 있기에 이에 대한 논쟁이 필요하다. 오해와 오독에 따른 필자에 대한 비판 역시 문제의 핵심을 명확히 해둘 필요가 있다고 판단해 재반론을 쓴다.

2. 주장과 반론

필자는 한국사회체제론과 관련해 오래 전부터 짧은 단상들을 밝혀왔다(손호철, 1999; 손호철 2006a).[2] 그러다가 최근 두 글(손호철, 2009c; 손호철, 2009d)을 통해 87년 체제론, 나아가 한국사회체제론과 관련된 논

---

2 이는 극우반공체제인 48년 체제, 발전국가라고 불리는 국가주도형 경제체제와 정치적 권위주의체제를 특징으로 하는 개발독재체제인 61년 체제, 이 가운데 정치체제를 민주화시킨 87년 체제, 나머지 경제체제를 해체해 신자유주의체제로 바꾼 97년 체제라는 기본 틀로서 현재의 필자의 입장과 크게 다르지 않다.

쟁에 적극적으로 개입했다. 특히 이 두 글이 조희연과 서영표가 사용한 필자에 대한 비판의 주요 텍스트이기에 우선 이 두 글의 주장을 요약, 소개할 필요가 있다. 그리고 필자의 글에 대한 조희연과 서영표의 비판과 주장을 요약하고 소개하려 한다.

가. 손호철의 주장

1. 한국 체제논쟁은 열린 총체성으로서의 '사회체제'와 다양한 '부분체제들'(헌정체제, 노동체제 등과 같은)로 나누어 진행되어야 한다(손호철, 2009c: 33). 이 중 사회체제로서의 한국체제는 한국의 다양한 사회적 관계들의 총체, 즉 한국사회구성체에 다름 아니나 이를 단순화시키면 세계체제론이나 87년 체제론자들의 주장처럼 정치체제와 경제체제로 구성된다고 볼 수 있다(손호철, 2009c: 33-34). 다양한 부분체제들의 문제는 "다양한 지평간의 단순-복합"의 문제로 환원주의적 방식이 아니라 접합의 방법에 의해서만 제대로 분석될 수 있다(손호철, 2009c: 34-35).

2. 역사적으로 한국의 사회체제는 극우반공체제인 48년 체제, 개발독재체제인 61년 체제, 이중 정치체제를 민주화한 87년 체제, 61년 체제의 경제체제(발전국가체제)를 해체해 신자유주의체제로 전환한 97년 체제로 변화해 왔다(손호철, 2009c: 40-46).

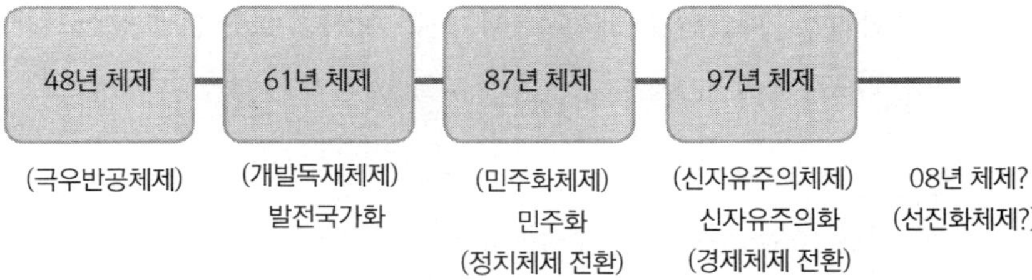

그림 1. 한국사회체제의 역사적 변화

표 1. 한국사회체제의 시기별 특징

<table>
<tr><th></th><th>48년 체제</th><th>61년 체제</th><th>87년 체제</th><th>97년 체제</th><th>08년 체제?</th></tr>
<tr><td>정치</td><td>권위주의</td><td>권위주의
(종속적 파시즘)</td><td colspan="3">제한적 정치적 민주주의</td></tr>
<tr><td rowspan="4">정치
경제</td><td rowspan="2">시장경제(?)</td><td rowspan="2">발전국가</td><td rowspan="2">(약화된)
발전국가</td><td colspan="2">신자유주의</td></tr>
<tr><td>(좌파
신자유주의)</td><td>(우파
신자유주의)</td></tr>
<tr><td>종속적
자본주의</td><td colspan="4">종속적 국가독점자본주의</td></tr>
<tr><td>테일러주의</td><td>테일러→포드주의</td><td>포드주의</td><td colspan="2">포스트포드주의</td></tr>
</table>

3. 따라서 87년 체제는 헌정체제 등 일부 부분체제에서만 그 의미를 여전히 지니고 있을 뿐, 사회체제로서는 이미 87년 체제에서 97년 체제로 바뀌었다(손호철, 2009c: 39).

4. 후속논쟁과 관련해, 정일영과 김호기는 87년에 경제체제의 전환이 없었다는 점에서 87년 체제란 애당초 존재하지 않았다고 보며 61

년 체제와 97년 체제만을 인정하는데 이는 사회체제를 경제체제로 환원시키는 경제주의이다(손호철, 2009c: 37-38).

5. 한편 조희연은 87년 체제론자들과 달리 97년 체제를 인정하면서도 정일영, 김호기와는 정반대로 97년 체제를 "97년 외환위기라는 사건과 97년 12월 김대중의 대통령 당선으로 인한 50년만의 반독재야당정권의 수립이라는 두 사건"으로 규정하고, 이 97년 체제는 "87년 체제의 하위체제"에 불과하다(조희연, 2009a: 80)고 주장한다.

이러한 주장은 87년 체제론에 비해 진일보했지만, 97년에 61년의 (정치)경제체제의 변화에 상응하는 근본적인 (정치)경제체제의 전환이 일어났다는 것을 보지 못한 채, 97년의 변화를 지나치게 반독재야당정권의 수립이라는 정치적 차원에서만 파악하는 일종의 정치주의이다. 물론 97년이 반독재야당정권의 수립이라는 정치적 측면은 나름의 의미를 갖지만 보다 근본적인 의미는 이러한 정치적 측면보다 발전국가의 해체와 신자유주의의 전면화에 있다. 따라서 97년 체제는 61년 체제, 87년 체제와 같은 수준의 체제이며, 87년 체제의 하위체제가 아니라 87년 체제를 대체한 것으로 보아야 하는데 그렇지 못했다(손호철, 2009c: 38).

6. 조희연은 이명박정부 출범으로 08년 체제가 들어섰다며 이는 "60년대 개발독재적 보수의 개발주의를 계승하면서도 그것과는 다른 '신자유주의적 성장프레임'을 선진화라는 이름으로 전면화한 보수세력이 재집권한 체제"(조희연, 2009a: 82)라고 주장한다. 그러나 "분석

적 개념이 아니라 이명박정부를 지칭하는 서술적 용어로, 나아가 97년 체제의 하위체제로 이야기하는 것 이외에는, 08년 체제가 97년 체제를 대체했다고 이야기할 근거는 아직은 없다"(손호철, 2009c: 44-45).

조희연은 97년 체제를 "반독재야당세력이 집권한 체제", 08년 체제를 "보수세력이 재집권한 체제"로 보는 등 체제의 전환을 '집권세력의 교체(정권교체)'에서 찾고 있는 듯하다. 이 같은 논법이라면 87년에 군사독재세력이 계속 집권했다는 점에서 87년 체제는 없다. 체제전환의 기준은 세력교체 그 자체가 아니라 정치체제 내지 (정치)경제체제의 전환이다. 따라서 문제는 2008년에 정치체제나 (정치)경제체제에서 1987년이나 1997년과 같은 수준의 변화가 일어났는지 여부다. 물론 2008년 이후 정치체제수준에서 재권위주의화, 경제체제수준에서 '좌파신자유주의'에서 '우파신자유주의'로의 변화 등이 일어나고 있지만, 아직까지는 87년이나 97년 수준의 변화로 보긴 어렵다. "따라서 08년 체제는 97년 체제를 대체하는 대안체제가 아니라 97년 체제의 하위체제로 이야기할 수 있을 뿐이다"(손호철, 2009c: 46).

7. 이 같은 사회체제논쟁을 반MB 전선과 반신자유주의전선이라는 실천적 문제와 결합시키면 다음과 같다(손호철, 2009c: 46).

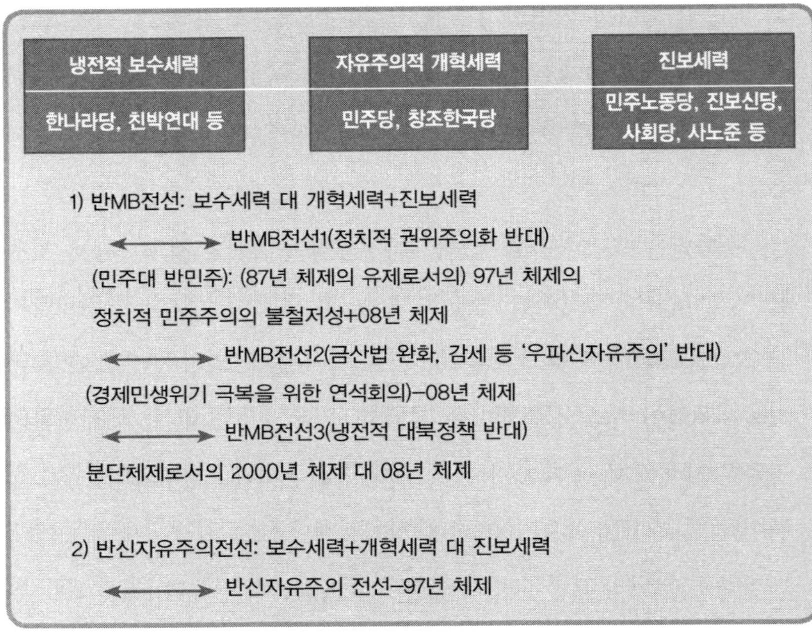

그림 2. 한국사회의 정치균열구조

8. 반MB연합은 일각의 인식과 달리 87년 체제보다는 오히려 08년 체제(08년 체제의 정치체제의 정치적 권위주의화, 08년 체제의 경치체제의 우파신자유주의, 분단체제로서의 08년 체제의 냉전주의)와 관계가 있다(위의 그림 2 참조).

또한 97년 체제와 관련해 반신자유주의투쟁만 강조하는 것은 좌익소아병이며, 이와는 반대로 08년 체제와 관련해 반MB투쟁으로 대동단결하자고 주장하는 것은 우편향이다. 결국 "반이명박연합과 반신자유주의연합을", "당장 눈앞의 투쟁인 08년 체제의 문제, 나아가 보다 심층적인 97년 체제의 문제를 적절히 결합시키는 지혜가 필요하다"(손호철, 2009d). 다시 말해, "현재의 한국에서 반신자유주의가 주모순이고, 반MB는 주모순의 주된 측면이다"(손호철, 2009e).

나. 조희연·서영표의 주장

1. 손호철의 주장은 현재의 한국사회를 97년 체제를 중심으로 분석하려는 97년 체제 중심론으로 "그의 97년 체제 중심론은 87년 체제와 그 이후의 체제변동에 대한 경제주의적 시각에 기초하고 있으며, 그 결과 정치와 경제의 복합적 상호작용 속에서 구성되는 현실의 복합성을 충분히 고려하지 못하는 결과를 낳고 있다"(조희연·서영표, 2009: 157, 이하 쪽수만 표시함).

2. 이 같은 경향 때문에 손호철은 87년 체제 분석에서는 경제적 변화를 보지 못하고 정치체제의 변화만 주목하는 정치주의적 편향을, 97년 체제 분석에서는 경제체제의 분석만 보고 정치적 분석을 보지 못하는 경제주의적 편향을 드러내고 있다(158).

"손호철의 분석에서 87년 체제는 오로지 정치혁명(정치체제 변화)으로만 규정되기 때문에, 87년 체제하에서의 경제체제를 둘러싼 투쟁과 저항의 역사와 잠재성이 온전히 주목되지 않게 된다"(160). 손호철과 달리 "87년 체제는 '민주주의와 자본주의의 전쟁'의 시기"로 봐야 한다(161). 97년 체제 분석과 관련해, (조희연이) "정권의 교체가 체제전환의 계기인 것처럼 서술"함으로써 "정치주의로 오해될 소지를 제공했다는 것을 부정하지는 않겠다"(164). 그러나 "97년 체제를 신자유주의적 경제체제로의 전환적 계기"로 보는 손호철의 견해는 경제주의적 편향이며 "97년 체제는 분명히 정치체제로서의 성격(형식적 민주주의의 진전)과 경제체제로서의 성격(신자유주의적 개방의 전면화)을 동시에 가지고 있다"고 보아야 한다(163).

3. 나아가 이러한 경향 때문에 손호철은 "스스로가 지적하고 있는 장기적 경제변동의 추세가 정치적 계기를 통해 드러나는 복합적인 '사회체제'분석으로 나가지 못하고 정치적 분석 또는 경제적 분석으로 치우치고 마는 것이 아쉽다. 복합체로서의 사회체제 안에서 분석되어야 할 노동체제, 민주주의체제, 정당체제, 사회운동체제를 각각 분리하여 독립적인 하위체제로 분석할 수밖에 없게 되는 것이다"(160).

4. "87년, 97년, 08년 체제를 이야기하는 이유는 87년 6월 민주항쟁, 김대중 정부의 수립, 이명박 정부의 수립이라고 하는 '정치적 사건'들을 계기로 하는 각종의 변화들의 상호관계를 해명하고자 하는 것이었다. 그런 점에서 87년 체제, 97년 체제, 08년 체제는 모두 일차적으로는 정치 레짐으로서의 성격을 갖는다. 그러나 정치 레짐은 경제적 심급의 운동과 분리되어 분석될 수 없다는 점은 분명하다. 문제는 87년, 97년, 08년이라는 정치적 계기와 경제적 레짐의 변화가 항상 일치하는 것은 아니라는 점이다"(158). "손호철의 주장처럼 헌정체제, 노동체제, 민주주의체제, 분단체제, 정치균열체제, 정당체제, 사회운동체제 등 하위체제를 분석할 수 있다는 의미에서 장기적인 경제적 경향이 정치적, 이데올로기적 계기들에 의해 드러나는 정치체제만을 유일한 체제개념

으로 제시하는 것은 올바르지 못하다. 구체적인 현실은 정치체제가 아닌 다른 하위체제 개념을 통해서도 분석될 수 있기 때문이다. 다만 현재 논의되고 있는 87년 체제, 97년 체제, 08년 체제는 정치적 성격이 강하기 때문에 정치체제로 분석하는 것이 올바르다는 것이다. 각각의 정치체제의 근저에 있는 중장기적인 경제적 구조는 신자유주의적 축적 체제로 파악할 수 있다"(158).

5. "더욱 중요한 것은 97년 체제의 성격은 이명박 수립 이후에도 바뀌지 않았기 때문에 08년 체제를 이야기하는 것은 의미가 없다"고 손호철이 주장하고 있다는 사실이다(156). 이 주장은 "정치체제로서의 08년 체제가 가지는 특징(97년 체제와의 연속성과 단절성)을 복합적으로 파악하고 있지 못한다. 이러한 입장은 구체적인 정세 속에서 형성되는 다양한 정치적 계기를 포착하고 그것에 기반한 대항헤게모니전략을 구성하는데 어려움을 겪을 수 있다"(158).

"필자들은 08년 체제가 97년 체제와 급격하게 단절되었다고 보지 않는다. 하지만 97년 체제와 08년 체제를 동일시하려는 손호철의 분석과는 구별되는 점이 있다. 심층적인 부분에서 97년 체제와 08년 체제 사이의 연속성(신자유주의적 역사적 블록)을 분석한다는 것이 정치적 심급에서 형성되는 이데올로기 투쟁의 차이를 무시하는 것으로 귀결되어서는 안 되기 때문이다"(173).

6. 참고적으로 지금까지의 조희연, 서영표의 주장을 이해하기 쉽게 필자 나름대로 도식화하면 다음과 같다.

표 2. 조희연(· 서영표)의 체제론

<table>
<tr><th rowspan="2">체제=정치체제</th><th rowspan="2" colspan="2">61년 체제</th><th colspan="3">87년 체제</th></tr>
<tr><th>87년 체제=
보수정권</th><th>97년 체제=
자유주의적
민주정권</th><th>08년 체제=
신보수정권</th></tr>
<tr><td>경제</td><td>발전국가</td><td colspan="4">(1979년?)중장기적 추세로서의
신자유주의적 축적구조</td></tr>
</table>

** 조희연은 97년 체제를 87년 체제의 하위체제라고 주장하고 있어 그렇게 그렸다.
***조희연 · 서영표가 08년 체제는 97년 체제의 하위체제라는 필자의 주장을 두 체제를 동일시하고 있다고 비판하고 있다는 점에서 사실상 08년 체제를 97년 체제의 대체체제로 보고 있는 것이 아닌가 싶어, 그렇게 그렸다.

7. 반신자유주의투쟁 환원론과 반MB투쟁 환원론을 모두 비판하며 두 투쟁의 결합을 주장하는 손호철의 주장은 일견 조희연, 서영표의 주장과 유사하게 들리지만, 이 두 주장을 잘 보면 "독자들은 상이한 함의를 포착할 수 될 것이다"(181). "손호철의 시각은 반MB전선 속에서 자유주의세력과 급진정치세력간의 종별적 차이를 사장시켜서는 과거의 '비판적 지지'의 재론이 될 수 있다고 하는 우려를 가지고 있다. 이러한 인식에 기본적으로 동의한다. 하지만 헤게모니전략의 관점에서 국민적 정치전선과 반신자유주의적 정치전선의 이중적 존재를 정확히 파악하고 국민정치적 공간에 반신자유주의적 세력이 어떻게 헤게모니적 개입 전략을 구사할 것인가 하는 문제의식이 필요하다고 생각한다. 이것은 한편에서는 국민적 정치공간에서 형성되고 있는 쟁점들을 반신자유주의전선으로 발전시키는 것(즉 국민적 전선에서 반신자유주의적 내용을 강화하는 것)과 다른 한편에서는 반신자유주의전선으로 환원할 수 없는 고유한 국민적 정치전선에 반신자유주의세력, 진보세력, 급진세력이

적극적으로 개입함으로써 대항헤게모니의 토대를 마련하는 것이다. 이를 위해서는 '경제환원주의' 혹은 신자유주의 환원주의적 접근이 아니라 급진민주주의적 헤게모니전략의 관점이 필요하다고 생각한다"(181-182).

8. 손호철의 체제론은 너무 높은 추상적인 분석에 머물러 구체적인 정세적 계기, 그리고 사람들의 불안과 잠재적 저항이 교차하는 일상적 정치공간에 대한 통찰이 부족하다. 대항헤게모니전략은 우리의 일상에서부터 시작해야 하며 이와 관련해, 대안적 공동체들에 주목하고 시민사회의 활성화와 국가의 민주화, 시장의 사회화를 추구해 나가야 한다(서영표, 2009).

9. 김대중, 노무현정부가 신자유주의 때문에 실패했다는 최장집, 손호철류의 신자유주의 환원론적 설명을 넘어서야 한다. 다시 말해, 진보세력은 '반신자유주의 경제학'을 넘어서 '반신자유주의 정치학', '반신자유주의 헤게모니 정치'를 추구해야 한다. 이를 위해 민주노동당, 진보신당, 사회당, 사회주의 노동자 정당 준비위원회(사노준)에 이르는 반신자유주의 정치세력들이 '신자유주의 반대와 공공성 실현을 위한 새정치 연합'과 같은 연합적 구심을 만드는 한편 정치공간에서 "우파정치세력과 반독재 리버럴과 경쟁 각축하면서 대안적인 '국민적-대중적 세력'으로 부각하기 위한 각축을 유연한 헤게모니전략에 기초하여 행"해 나가야 한다(조희연, 2009b).

3. 반론: '사회학적 서술주의'와 추상성의 혼돈을 넘어서

조희연·서영표의 글은 필자의 글이 지닌 한계를 잘 지적하고 있고 우리가 생각해야 할 여러 문제들을 제기하고 있다는 점에서 반갑기 짝이 없다. 그렇지만 나의 텍스트를 오해하고 왜곡한 점도 있기에 그들의 '정당한 문제 제기'와 '그렇지 못한 부분'으로 나누어 논의를 진행하려고 한다.

가. 정당한 문제 제기

우선 '정당한 문제 제기'부터 다루고자 한다. 그것은 조희연·서영표의 주장 중 1번과 3번이다. 특히 3번이다. 그리고 서영표의 7번 주장이다.

첫째, 3번의 주장을 살펴보자. 분명 필자는 체제논쟁을 분석하면서 사회체제란 "엄격히 말하자면 한국의 '다양한 모든 사회적 관계들의 총체'(한국사회구성체)를 의미"해야 한다고 전제했다(손호철, 2009c: 33). 즉 노동, 젠더 등을 포함한 총체성을 구현해야 한다. 또한 이 같은 다양한 사회적 관계들은 단일한 지평(plane)이 아니라 "다른 지평간의 단순-복합의 문제"라는 복합성("복합체로서의 사회체제")의 문제이기 때문에 환원주의적 방식이 아니라 접합의 방법에 의해서만 제대로 인식될 수 있다고 주장했다(손호철, 2009c: 34-35).

그러나 이 같은 문제의식에도 불구하고 복잡한 사회적 관계들을 사회체제라는 하나의 틀 속에 총체적으로 이론화할 능력이 도저히 없었다. 따라서 세계체제론과 사회구성체론과 같은 기존연구를 따라 편의적으로 사회체제를 정치체제와 경제체제의 복합체로 규정하고 다른 부분들은 부분체제로 분리시켜 다룰 수밖에 없었다. 특히 이 같은 분리는 87년 체제론자들도 주장하듯이 "정치와 경제라는 두 축"을 겹친 사회체제로서 87년 체제(김종엽, 2005: 21)는 이제 더 이상 유효하지 않으며, 헌정체제 등의 일부 부분체제로만 아직도 의미를 가질 뿐이라는 필자의 비판을 명확히 보여주기에 적합한 이론적 장치이기에 사회체제와 부분체제들을 부득이 분리해 논의했다. 그 결과 조희연·서영표가 지적했듯이 "복합체로서의 사회체제 안에서 분석되어야 할 노동체제, 민주주의체제, 정당체제, 사회운동체제를 각각 분리하여 독립적인 하위체제로 분석할 수밖에 없게" 된 것은 부인하기 힘든 사실이다. 따라서 이들의 비판을 전적으로 수긍한다.

다만 그 같은 수긍에도 불구하고 필자의 지적능력으로는 계속 이를 하위체제로 분리하여 다룰 수밖에 없음을 밝혀둔다. 그리고 조희연 · 서영표가 다양한 부분체제들을 독립적인 하위체제로 분석하지 않고 복합체로서의 사회체제 속에서 총체적으로 분석하는 대작을 써주기를 바라마지 않는다.

나아가 사회체제와 부분체제를 분리시켜 분석하는 필자의 방식이 지닌 나름의 장점을 지적할 필요가 있다. 그것은 사회체제와 다양한 부분체제 간의 시기구분의 불일치성이다. 분단체제를 예를 들어보자. 필자의 체제론(손호철, 2009c)에서 이미 지적했듯이 분단체제는 적대적 대립을 특징으로 하는 48년 체제가 2000년 남북정상회담을 계기로 평화공존을 특징으로 하는 2000년 체제로 변했다가 이명박정부 출범과 함께 다시 옛날로 회귀하는 08년 체제가 생겨나는 경향을 보이고 있다.

이러한 분단체제를 조희연 · 서영표처럼 별도의 부분체제가 아니라 "복합체로서의 사회체제 안에서 분석"하려 할 경우 87년 체제, 97년 체제와 같은, 전혀 분단체제의 시기구분과 별 상관이 없는, 시기구분에 억지로 맞춰야 하는 문제가 생긴다.

따라서 분단, 노동, 젠더와 같은 문제들을 오히려 나름의 상대적 자율성을 갖는 별도의 부분체제로 상정하고 나름의 운동의 시기구분을 통해 독자적인 체제변화를 분석해 나가는 것이 더 효과적이라고 생각한다. 다시 말해, 노동, 젠더, 환경, 사회운동 등 다양한 사회적 관계들을 하나의 사회체제 안에 총체적으로 분석하려 할 경우, 불가피하게 사회체제의 중심축인 정치와 경제의 중심으로 흘러갈 수밖에 없고 잘못하다가는 이 같은 관계들의 독자성(복합성)을 존중하는 '접합'의 방식이 아니라 정치, 경제 환원론적 방식으로 흐를 가능성이 매우 높다.

둘째, 조희연·서영표의 1번 주장에 대해 주장의 앞부분(필자의 주장이 경제주의라는 비판)에는 동의하지 않지만, 뒷부분(필자의 '97년 체제 중심론'이 정치와 경제의 복합적 상호작용 속에서 구성되는 현실의 복합성을 충분히 고려하지 못하고 있다는 비판)은 동의한다. 앞부분은 아래에서 다루기로 하고 우선 뒷부분을 중심으로 이 문제를 설명해보려 한다.

필자의 분석은 기본적으로 '사회체제라는 관점에서 한국현대사를 어떻게 볼 것인가'라는 문제의식에서 출발하여, 한국현대사를 48년 체제, 61년 체제, 87년 체제, 97년 체제 식으로 시기구분을 하고 각 시기의 특징을 나열한 것이다. 또 부분체제라는 관점에서 시기구분을 하고 각 시기의 특징을 서술했다. 다시 말해, 일종의 '분류학적' 분석에 불과하다. 그러기에 정치와 경제 등이 어떻게 복합적으로 상호작용을 하며 이 같은 체제변화들을 이끌어 왔는가를 동태적으로 보여주지 못했다. 그러나 이는 글의 목적이 아니었고 이를 하나의 짧은 논문에서 다룰 수 있는 것도 아니었다. 필자는 조희연 · 서영표의 비판을 겸허하게 받아들여 이후 연구를 통해 그 같은 작업을 해보고자 한다.

위의 1번, 3번 주장과 관련해, 주목할 것이 하나 있다. 그것은 조희연 · 서영표의 '정치적 계기'("정치적 계기로서의 체제")라는 표현이다. 맞는 말이다. 국가론논쟁에서 국가도출론자들이 잘 지적했듯이(Holloway, 1978) '정치'와 '경제', '이데올로기'는 분리된 폐쇄적인 공간이나 층위가 아니라 사회적 관계의 내재적 계기들일 뿐이다. 따라서 마르크스주의와 좌파이론의 핵심은 정치, 경제의 분리에 매몰되는 것이 아니라 왜 상호연관된 내재적 계기들이 자본주의하에서는 분리된 형태를 띠고 나타나는가에 대해 근본적인 의문을 제기하는 '형태비판'에 있으며, 마르크스주의의 최고의 정치이론(비판)은 마르크스의 정치저작들이 아니라 이러한 분리를 비판한 『자본』이라는 주장은 맞다.

그러나 실제분석에서는 정치와 경제를 분리해 분석할 수밖에 없는 '이론적 곤궁'이 있다. 사실 조희연과 서영표 역시 상호연관성과 '계기'를 이야기하고 있지만 실제분석에서는 이 같은 내재성을 보여 주지 않는다. 나아가 "'정치적 사건'들의 계기", "경제적 심급의 운동", "정치체제의 근저에 있는 중장기적인 경제적 구조" 등이 보여주듯이, 이들은 정치는 '사건사적 계기'이고 경제는 '심층적인 구조'라고 잘못 인식하는 경향이 있다.[3] 이 같은 경향은 결국 '경제분석=구조결정론', '정치분석=

3 이는 조절이론의 '구조와 전략의 변증법'을 구조=경제, 전략=정치로 이해하는 오류와 유사한 것이다. 전략도 헤게모니전략만 있는 것이 아니라 축적전략도 있으

정세주의 내지 주의주의'라는 양 편향을 낳을 수밖에 없다(보다 자세한 논의는 아래 참조). 이 같은 가정과 달리, 정치도 분석수준에 따라 심층적 구조와 사건사적 계기가 있을 것이고 경제도 마찬가지로 심층적 구조만이 아니라 사건사적 정세적 계기가 존재한다.

셋째, 서영표의 8번의 비판에도 전적으로 동의한다. 필자의 체제론이 너무 추상적인 분석에 머물러 구체적인 정세적 계기와 일상적 정치공간에 대한 통찰에 부족하다는 지적에 동의하여 이 비판을 겸허하게 받아들인다. 또한 대항헤게모니전략과 관련해 대안적 공동체운동에 주목해야 한다는 서영표의 주장, 반신자유주의세력이 '국민적-대중적(민중적)' 대안세력으로 성장하기 위한 헤게모니전략이 필요하다는 조희연의 주장(요약 9번)에도 전적으로 동의한다.

그러나 서교수의 표현을 빌리면, '현실담론과 괴리된 고답적인 이론적 담론'에 머무는 필자의 체제분석이 전혀 쓸모가 없는 것인지는 한번 생각해 볼 문제이다. 고추상성의 체제론은 그 한계에도 불구하고 나름의 중요한 의미가 있다. 그것은 97년 IMF 경제위기로 한국사회가 완전히 신자유주의체제로 바뀌었는데도 다 지나간 87년 체제를 여전히 읊조리고 있는 87년 체제론과 같은 색맹사회과학, 나아가 08년 체제가 97년 체제를 대체했다는 08년 체제론에 기대어 반MB론에 '올 인'을 강요하는 반MB대동단결론에 대한 비판 기능이다. 특히 어느 면에서는 87년 체제론과 반MB대동단결론이 현재 우리사회의 '운동진영'과 비판적 학계에서 '다수파'이기에, 이러한 비판기능은 매우 중요하다. 그리고

며, 구조 역시 경제구조만이 아니라 정치구조도 있다.

이 같은 비판기능을 전제로 하여 '구체적 정세에 대한 구체분석'은 추상적인 체제논쟁과는 다른 차원에서 이루어지고 보완되어야 할 과제다(아래 참조).

나. 87년 체제 등은 정치체제인가?

위의 논의를 전제로 해서 이제 필자가 수긍하기 어려운 논쟁적 부분으로 옮겨가려 한다. 우선 87년 체제, 97년 체제, 08년 체제는 기본적으로 정치체제라는 주장이다. 조희연·서영표는 87년 체제, 97년 체제, 08년 체제가 기본적으로 정치체제인 까닭을 다음과 같이 설명하고 있다. "87년, 97년, 08년 체제를 이야기하는 이유는 87년 6월 민주항쟁, 김대중정부의 수립, 이명박 정부의 수립이라고 하는 '정치적 사건'들을 계기로 하는 각종의 변화들의 상호관계를 해명하고자 하는 것"이었기 때문이다.

여기에서 재미있는 것은 위의 문장 중 "이야기하는 이유"의 주어가 없다는 것이다. 누가 그렇게 이야기하나? 조희연과 서영표인가?(둘이 주장하면 그것이 '진리'인가?) 그것이 아니라 체제론을 연구하는 연구자들이 일반적으로 그렇다는 것인가? 체제논쟁과 관련된 학자들에게 "당신들이 체제론을 공부하는 이유가 87년 6월 민주항쟁, 김대중정부의 수립, 이명박 정부의 수립이라고 하는 '정치적 사건'들을 계기로 하는 각종의 변화들의 상호관계를 해명하고자 하는 것이냐"고 물어보면 동의하지 않는 사람들이 더 많을 것이다.

이를 보다 구체적으로 살펴보자면, 87년 체제와 08년 체제의 경우는 동의할 수 있지만 97년 체제가 김대중정부의 수립이라고 하는 '정치적 사건'들을 계기로 나타난 각종 변화를 분석하기 위한 것이라는 설명에는 많은 사람들이 동의하지 않을 것이다. 97년 체제론은 오히려 97년 경제위기라는 '경제적 사건'을 계기로 가능했던 김대중정부의 수립(이는 대선 직전에 터져 나온 경제위기 덕으로 가능했던, 경제위기의 '의도하지 않은 선물'이다[4])과 신자유주의체제의 전면화라는 근본적인 변화를 분석하기 위한 것이다. 아니다. 87년, 97년, 08년 모두 한국사회의 변화를 정치적 계기와 경제적 계기라는 두 계기의 변화를 중심으로 살펴보려는 것이다. 그 결과 어느 변화(87년 같은 변화)는 정치적 계기가 두드러지고 어느 변화(97년 변화)는 경제적 계기가 두드러진 것이지, 처음부터 "'정치적 사건'들이라는 계기"를 전제로 삼아 연구할 문제는 아니다.

"현재 논의되고 있는 87년 체제, 97년 체제, 08년 체제는 정치적 성격이 강하기 때문에 정치체제로 분석하는 것이 올바르다"는 조희연 · 서영표의 주장도 마찬가지다. 현재 논의되고 있는 87년 체제, 97년 체제, 08년 체제는 정치적 성격이 강하다? 이 역시 부당한 전제다. 최소한 지금껏 논의에 참여한 연구자들 중 87년 체제 등을 기본적으로 정치체제로 보는 사람은 조희연과 서영표뿐이다. 87년 체제론자인 김종엽, 그리고 이를 비판하는 '97년 체제 중심론자'인 필자는 체제를 경제체제와 정치체제의 복합체로 파악한다. 심지어 정일영과 김호기는 체제를 기본적으로 사회경제체제로 보아 87년 체제는 아예 없다고 주

4 이에 대한 자세한 분석은 손호철, 1999: 133-144.

장한다. 그렇다고 이론의 진위를 다수결로 정하자는 것이 아니다. 오히려 조희연과 서영표가 자신의 주장의 정당성을 이론적으로 입증하는 것이 아니라 "현재 논의되는 체제는 정치적 성격이 강하기 때문에 정치체제이다"라는 식으로 자꾸 이론외적인 이유, 즉 학계의 논쟁의 배경적인 이유(그것도 현실과 다른)를 들고 나오기 때문이다.

나아가 단순히 "87년 6월 민주항쟁, 김대중정부의 수립, 이명박 정부의 수립이라고 하는 '정치적 사건'들을 계기"에 주목하려면 그냥 '노태우·김영삼정권'(또는 보수정권), '김대중 · 노무현정권'(또는 자유주의정권), '이명박정권'(또는 신보수정권)이라고 부르면 되지, 엄밀하게 사용해야 할 '체제'라는 어려운 사회과학적 용어를 빌려다가 굳이 87년 체제, 97년 체제, 08년 체제라고 불러야 하는지 잘 이해가 되지 않는다.[5] 사회과학의 개념들이 단지 단순한 이야기를 '유식하게 보이게 만들기 위한 치장물'은 아니다.

기이한 것은 조희연·서영표가 87년 체제, 97년 체제, 08년 체제 등이 기본적으로 '정치체제'라고 주장하면서 정치주의라는 비판에 반발하며 역으로 필자를 경제주의라고 반박하는 것이다. 이들 체제들을 정치체제로 인식하는 것이 '정치주의'가 아니고 무엇인가? 반대로 이 체제들이 (단순한 경제체제가 아니라) '정치체제와 경제체제의 복합체'라는 필

5 사실 조희연 · 서영표가 사용하는 '정치 레짐'이라는 개념은 국가론에서 국가유형이나 국가형태보다 낮은 정부형태내지 정권을 지칭하기 위해 사용하는 개념으로 한 사회를 '총체적'(열린 총체성)으로 파악하기 위해 필자가 사용하는 '사회체제'와는 추상성과 문제의식이 전혀 다른 것으로 사회체제의 대안적 이론 틀로서 전혀 적합하지 않다. 다시 말해, 조희연·서영표가 필자의 사회체제론을 비판하고 정치레짐을 대안적 체제론으로 내놓았으나 말만 같은 '체제'이지 추상성이 전혀 다른, '엄한' 이야기를 하고 있다는 느낌이 든다.

자의 주장이 경제주의란 말인가? 이 체제들이 정치체제라는 주장하는 이상, 정치주의를 인정하고 정치주의가 옳음을 입증하려고 노력해야지, 이들 체제가 정치체제라고 주장하면서 동시에 정치주의를 부정하려고 해서는 안 된다.

정말 주목할 또 다른 것이 기다리고 있다. 87년 체제, 97년 체제, 08년 체제라는 "각각의 정치체제의 근저에 있는 중장기적인 경제적 구조는 신자유주의적 축적체제로 파악할 수 있다"는 주장이다. 쉽게 말하자면, 87년 이후 경제체제는 모두 신자유주의였다는, 어쩌면 한국경제사를 다시 써야 할 획기적인 주장이다! 이제야 모든 의문이 풀린다. 조희연과 같은 일급학자가 97년 체제를 87년 체제의 대체가 아니라 단순히 87년 체제의 하위체제로 본 이유, 조희연과 서영표가 87년 체제, 97년 체제 등을 정치체제로 본 이유가 명확해진다. 이미 경제구조가 87년에 신자유주의로 변했는데, 97년에 발생한 경제체제의 변화가 무슨 큰 의미가 있겠는가? 당연히 남는 것은 정치적 사건들뿐이다.

그러나 87년 이후의 경제체제를 신자유주의라고 보는 것은 상당히 '혁명적'인 주장으로 이를 주장하려면 그럴 만한 논거들을 제시해야 한다. 물론 조희연·서영표는 도망갈 구멍을 미리 만들어 놓았다. '중장기적인' 경제적 구조라는 표현과 "문제는 87년, 97년, 08년이라는 정치적 계기와 경제적 레짐의 변화가 항상 일치하는 것은 아니라는" 주장이다. 그러나 구체적인 정치체제와 경제적 레짐을 이야기하는 것이 아니라 중장기적 구조를 분석할 바에야, 87년, 97년, 08년 체제같이 구체적인 연도가 들어간 체제론을 굳이 이야기할 필요가 있을까?

이와 관련된 또 다른 문제는 이 중장기적 경제구조론 뒤에 내재한 위험한 이론적 편향이다. 특히 이 같은 편향은 "장기적 경제변동의 추세가 정치적 계기를 통해 드러나는 복합적인 '사회체제'"라는 표현에 잘 나타난다. 한마디로, 이 표현은 중장기적 경제적 추세란 경제의 정세적 계기나 정치적 계기와 상관없이, 마르크스의 표현을 빌리자면 "철의 필연성을 갖고 관철"(Marx, 1967: 8)되게 마련이고, 다만 그때그때 정치적 계기를 통해 '드러날' 뿐이라는 구조결정론이다. 다르게 표현하자면, 신자유주의는, 아니 조희연·서영표의 표현을 빌리자면 신자유주의라는 "장기적 경제변동의 추세"는 70년대 말부터 중장기적으로 한국사회에 철의 필연성을 갖고 관철되도록 미리 정해져 있었고 다만 (87년, 97년 같은) 정치적 계기들이 이같이 미리 정해진 추세를 드러내줄 따름이라는 주장에 다름 아니다.

이 같은 사실에 주목하자면, 체제는 기본적으로 정치체제라는 조희연·서영표의 체제론은 표면적으로 정치적 계기를 강조한다는 점에서 '표면적 정치주의'지만 심층적으로는 경제주의 내지 구조결정론('심층적 경제주의', '심층적 구조주의')이라 할 수 있다. 나아가 정치=정세주의, 경제=구조주의라는 잘못된 이분법에 이르게 된다. 다시 말해, 중장기적인 경제추세는 정세적 사건과 관계없이 관철될 것이라고 전제하고 있다는 점에서 심층적 구조주의, 심층적 경제주의이다. 그러나 그렇기 때문에 경제적 추세는 따로 분석할 필요가 없고 주로 정치적 사건분석에 집중하면 된다는 주장으로 나가고 있다는 점에서, 사실상 구조적 규정과 경제적 변동을 무시하는 정치주의와 정세주의로 귀결된다.

필자는 조희연·서영표와 생각을 달리 한다. 필자는 신자유주의가 장기적 내지 중장기적으로 관철되도록 미리 정해져 있기 때문에 사실상 별도의 분석이 필요 없고 정치적 계기들만 주로 분석하면 된다고 생각하지 않는다. 신자유주의의 강력한 전지구적 경향에도 불구하고 김영삼정부가 세계화를 내세운 신자유주의 축적전략을 채택하고 이를 위해 OECD가입과 그 전제조건인 금융시장개방을 날림으로 추진하지 않았다면, 나아가 이에 따라 97년 IMF 경제위기라는 경제적 계기가 생기지 않았다면, 그리고 그 덕으로 집권한 김대중 대통령이 이에 보답이라도 하듯이 대통령 자신이 직접 나서서 "지금은 식민지시대가 아니기 때문에 외국자본은 많이 들여올수록 좋다"며 신자유주의정책을 무비판적으로 수용하지 않았다면,[6] 한국의 경제체제는 현재와 상당히 다를 것이라고 생각한다.

다시 말해, 현재 한국사회의 신자유주의는 "장기적 경제변동의 추세"의 필연적 결과가 아니라 97년의 외환위기와 같은 다양한 경제적 계기들과 (그 결과로서의 정권교체라는 정치적 사건, 그리고 새) 정권의 전략적 선택(축적전략)의 결과이다. 따라서 기본적으로 체제는 정치체제라

6 사실 김대중 전대통령은 97년 경제위기 훨씬 이전에 사실상 '신자유주의 지지자'에 가까웠다. 이미 1980년대 중반에 박정희정권이 군장성을 기업체 사장으로 임명하고 뇌물을 요구하기 때문에 외국인들이 직접 투자를 꺼리는 것이라는 아전인수식 해석을 내세워 한국경제가 외채에 비해 외국인의 직접투자 비율이 낮을 것을 비판하는가 하면(외국 직접투자비율이 낮은 것이 왜 문제인가? 오히려 박정희의 '업적' 아닌가?), 민주정부가 들어서면 공기업을 민영화, 아니 사유화시켜 외국인의 직접투자를 유치하겠다고 약속했다(Kim, 1985: 31–32). 이 같은 이유 때문에 커밍스는 97년 경제위기 당시 김대중의 집권을 우려했던 일부 월스트리트의 견해에 대해 김대중은 오히려 "오랜 정치경력 내내 IMF와 비슷한 개혁을 주장해온" "IMF 서울지부장(The IMF's Man in Seoul)"이라고 지적한 바 있다. 나아가 김대중의 당선은 한국시민사회의 성숙에 기인한 것인데 'IMF 서울지부장'인 김대중을 당선시킴으로써 "역설적으로 시민사회의 성숙은 워싱턴과 IMF가 한국으로 진격해 들어가는 핵심 메커니즘이 됐다"(Cumings, 1998: 58 & 60)고 분석했다.

는 조희연·서영표류의 체제론으로는 97년 경제위기와 같은 '경제체제의 정세적 계기' 등을 제대로 분석할 수가 없다고 생각한다.

결국 체제분석이 예를 들어 3%대에서 40%대로 높아진 외국인의 주식 소유, 군사독재시대보다 더 악화된 양극화, 청년실업과 비정규직의 일상화 등 97년 외환위기라는 '경제적 사건'의 결과로 일어난 엄청난 변화들을 단순히 "장기적인 경제변동추세가 실현된 것"으로 치부하고 정치적 사건을 중심으로 분석해 나가야 하는 것인가? 필자는 그렇게 생각하지 않는다. 다시 말해, 97년 IMF 경제위기와 같은 '경제적 사건'들도 '정치적 사건'과 '장기적 경제적 추세' 못지않게 중요하다. 따라서 체제론은 경제문제 역시 장기적 추세로 부당전제할 것이 아니라 정세적 사건을 중심으로 시기 구분하고 구체적 분석을 해나가야 한다. 즉 체제를 기본적으로 정치체제로 보는 것이 아니라 정치체제와 경제체제의 복합체로 보아야 한다.

다. 87년 체제론

이제 구체적으로 87년 체제, 97년 체제, 08년 체제에 대해 논의할 필요가 있다. 우선 87년 체제의 문제부터 보기로 하자. 조희연·서영표는 "손호철의 분석에서 87년 체제는 오로지 정치혁명(정치체제 변화)으로만 규정되기 때문에, 87년 체제하에서의 경제체제를 둘러싼 투쟁과 저항의 역사와 잠재성이 온전히 주목하지 않게 된다"(160)고 비판하면서 자신들이 파악하는 "87년 체제는 '민주주의와 자본주의의 전쟁'의 시기였다"고 주장한다(161). 필자의 87년 체제(특히 경제체제) 분석에 대해 제기될 수 있는, 또 제기되고 있는 비판은 두 가지다. 하나는 신자유주의화에 따른 경제체제의 변화문제고 또 다른 하나는 위에서 언급한 "민주주의와 자본주의의 전쟁"의 문제다.

첫째로, 신자유주의문제를 살펴보자. 이와 관련, 조희연·서영표는 이미 70년대 말 신자유주의가 시작됐고 5.18 광주항쟁은 이에 대한 저항이라는 조지 카치아피카스의 주장 등을 인용하고 있다. 필자 역시 이들이 비판한 바로 그 글에서 "한국에서 신자유주의의 효시는 제 2차 오일쇼크에 의한 경제위기극복을 위해 박정희정권이 1979년 도입한 경제안정화정책이라는 것이 정설이다. 나아가 전두환, 노태우정권은 이 같은 정책을 더욱 가속화시켰고 김영삼정권 역시 세계화라는 이름 아래 신자유주의 정책을 펴나갔다"고 이에 쓴 바 있다(손호철, 2009c: 36-37).

그리고 윤소영(1999: 102-103)도 이미 카치아피카스보다 6년 전에 부마항쟁이 한국사 최초의 반신자유주의 항쟁이었고 5.18 민중항쟁도 이를 이은 반신자유주의투쟁이라고 쓴 바 있다(나아가 김대중 전 대통령이 반신자유주의 투쟁이었던 "광주항쟁을 이용하여 그것도 세 차례씩이나 대선에 도전하여 집권에 성공한 후 항쟁정신을 헌신짝처럼 폐기"하고 '광주정신'과 정반대로 신자유주의정책을 전면화하여 완성시킨 데 이르러서는 "부두(voodoo)정치의 대가라고 할지라도 할 말이 없"고 "그렇기 때문에 어떻게 보면 김대중정권의 성향은 김영삼의 그것보다 훨씬 더 퇴행적"이라고 비판하기까지 했다). 그러나 이 같은 주장들이 70년대 말과 80년의 한국경제가 신자유주의체제라는 주장인가?

결국 문제는 신자유주의 정책의 도입을 경제체제로서의 신자유주의로의 전환으로 인식하는 '사회학적 서술주의'와 추상성의 혼동이다. 부마항쟁 이전에 신자유주의정책이 도입되었고 부마항쟁과 5.18 광주항쟁이 반신자유주의투쟁이었다는 것이 1979년-80년의 한국경제가 신자유주의체제라는 주장은 결코 아니다. 허생이 조선시대에 매점을 했다고 조선이 독점자본주의체제인가? 동일한 혼란은 97년 체제, 08년 체제에서도 계속된다.

이와 관련해, 하나만 더 이야기하자. 카치아피카스와 윤소영이 부마항쟁과 5.18 광주항쟁을 반신자유주의항쟁이라고 이야기하지만 시야를 넓혀 보면 현존사회주의체제 붕괴의 신호탄으로 간주되는 폴란드의 자유노조운동도 반신자유주의투쟁이었다. 폴란드는 70년대 후반 동아시아 발전모형의 성공에 착안해 외채를 빌려 '사회주의형 수출주도형 산업화'를 추진했다. 그러나 제 2차 오일 쇼크로 세계경제가 불황에 빠지면서 수출이 되지 않아 국가부도에 이르렀다. 결국 국제통화기금(IMF)으로부터 구제금융을 받고 그 조건으로 신자유주의 프로그램에 따라 이중 곡가제를 없애고 식료품 값을 4배나 인상했다. 이에 분노해 일어난 투쟁이 자유노조운동이다. 따라서 이 역시 반신자유주의 투쟁이라고 할 수 있다. 그러나 그렇다고 70년대 말 폴란드를 신자유주의체제라고 말할 수 있을까?

조희연과 서영표는 필자가 87년 체제를 단순히 정치체제의 변화로 파악하는 정치주의라고 비판한다. 그러나 위에서 정리한 손호철의 주장 요약 2번(표 1)에서 볼 수 있듯이 필자는 87년 체제를 과거의 발전국가에서 '약화된 발전국가'로의 변화라고 분석했다. 즉 발전국가가 약화되고 신자유주의가 강화됐다고 보았다. 이처럼 단순히 정치체제의 변화만이 아니라 경제체제의 변화도 주목했다. 하지만 이 변화의 수준(추상성의 수준)은 97년과 같은 체제변화의 수준이 아니라 발전국가 내에서의 '정세적' 변화였다. 다시 말해, 조희연과 서영표가 인용한 그람시적 표현을 빌리면(Gramsci, 1971), 87년의 정치적 변화는 '유기적 변화'였다면 경제적 변화는 '유기적 변화'가 아니라 '정세적 변화'였다.[7] 따라서 정치체제의 변화에 초점을 맞춘 것이다.

두 번째, 소위 '민주주의와 자본주의의 전쟁'이라는 문제다. 조희연과 서영표는 "손호철의 분석에서 87년 체제는 오로지 정치혁명(정치체제 변화)으로만 규정되기 때문에, 87년 체제하에서의 경제체제를 둘러싼 투쟁과 저항의 역사와 잠재성이 온전히 주목하지 않게 된다"고 비판한다. 그렇다. 필자가 87년 체제론에서 저항의 역사를 전혀 언급하지 않은 것은 사실이다. 짧은 글 속에서 그것까지 다 이야기하기는 어려웠다(나아가 이 문제에 대한 본격적인 분석은 필자의 능력으로 볼 때, 경제체제 그 자체가 아니라 사회운동체제에서 논의되어야 한다고 본다).

그러나 "경제체제를 둘러싼 투쟁과 저항의 역사와 잠재성"이라는 것과 그 같은 투쟁의 결과, 즉 '힘의 백터(vector)의 결과'로서의 구체적인 경제체제는 전혀 다른 이야기다. 다양한 진보적 투쟁이 있었다는 것이 그럼에도 불구하고 당시의 한국자본주의가, 경제체제가 발전국가체제에 불과했다는 사실을 변화시키지는 못한다. 사회주의운동이 있었다는 사실이 당시 한국 경제체제를 사회주의체제 내지 발전국가와 사회주의체제의 혼합체제로 만들어주는가? 하다 못해 '사회주의적 우클

7 앞에서 지적했듯이 '경제=유기적', '정치=정세적'이라는 도식은 기계적인 이분법으로 잘못된 것이다.

라드'라도 만들었나? 그렇지 않다. 운동과 체제를 혼동해서는 안 된다.

물론 발전국가의 억압성, 반민중성이 상대적으로 완화된 것은 사실이다. 조희연과 서영표의 지적대로 "제한된 형태이지만 경제적 심급에서도 어느 정도의 진전을 성취"해 "노동자의 권리, 인권의 확장 등 개혁적 조치들이 이루어"졌다. 그래서 이를 필자는 "완화된 발전국가"라고 표현했다. 하지만 민주주의 투쟁에 의한 억압성과 반민중성의 완화가 발전국가의 수준을 넘어서, 예를 들어, '사회민주주의의 복지자본주의'체제로의 변화와 같은 질적 전환을 가져 온 것은 아니었다.

마지막으로, 집고 넘어갈 것은 조희연·서영표가 필자의 97년 체제론을 대신해 주장하고 있는 '87년−97년 (체제) 관계론'이다. 우선 필자는 왜 87년 체제론이 아직도 필요한지 이해가 되지 않다. 우선 87년의 유산인 정치적 민주주의 때문인가? 혹여 그렇다면, 87년의 유산인 정치적 민주주의를 97년의 정치체제에 이미 계승하였기에 이를 계속 붙잡고 있을 필요가 없다. 앞서 지적했듯이(손호철 주장 2번), 97년 체제는 단순한 신자유주의 경제체제가 아니라 여기에 87년의 유산인 제한적 정치적 민주주의의 유산을 계승, 발전시킨 정치체제가 결합한 체제다.

필자가 보기에 조희연·서영표는 이러한 정치적 민주주의의 유산을 뛰어 넘어 '자본주의에 대항했던 민주주의'라는 반자본적 진보운동을 계승하기 위해 87년 체제를 아직도 붙잡고 있는 것처럼 보인다. 조희연은 필자의 반비판에 답하는 《레디앙》 기고문에서 "진보적 사회과학에서 87년 체제를 이야기할 수 없는가"라고 반문한 뒤, 87년 체제에 대한 자유주의적 해석을 넘어서 (7, 8월 노동자 대투쟁과 이후 급진투쟁 등에 내재한) 급진적 계기들에 주목하는 급진적 해석을 시도하여 "87년 체제의 부정이 아니라" 이를 진정으로 계승해나가야 한다고 주장한다(조희연, 2009b). 자신의 87년 체제-97년 체제 관계론이 이를 위한 주장이라는 것이다.

우선 명확히 하고 넘어갈 것은 진보적 사회과학자 중에서 어느 누구도 "진보 사회과학에서는 87년 체제를 이야기할 수 없다"고 주장하지는 않는다는 사실이다. 필자가 87년 체제론을 비판하고 부정하고 있다는 점에서 "진보적 사회과학에서 87년 체제를 이야기할 수 없는가"라는 조희연의 문제제기가 필자를 겨냥한 것처럼 보이기도 하다. 그렇다면 이 또한 명백한 오독이다. 필자가 부정하고 있는 것은 (사회체제로서의) '87년 체제의 현재성' 내지 '현재적 규정성'이지 87년 체제의 역사적 기여나 역사적 규정성이 결코 아니다. 그리고 사회체제론은 현재적 규정성을 분석하기 위한 것이지, "잊지 말자, 87년!"같은 '기억투쟁용'이 아니다.

급진적 운동의 계승성 때문에 87년 체제를 붙잡고 있다는 논지 역시 설득력이 약하다. 앞에서 지적했지만, 우리가 논의하는 '사회체제'는 정치체제와 경제체제의 복합체이지 사회운동을 다루는 (부분체제로서의) '사회운동체제'가 아니며, '사회운동체제'가 아닌 사회체제로서 87년 체제의 현재성은 거의 없거나 있더라도 이미 97년 체제에 계승되어 별도로 87년 체제를 이야기할 필요가 없다(다시 말해, 87년 체제의 급진적 운동은 '사회운동체제'에서 논의할 문제이다). 나아가 급진적 운동의 계승이 문제라면 왜 하필 87년 체제인가? 운동의 계승이 문제라면, 해방공간의 45년 체제를 택해 '45년 체제-97년 체제 관계론'을 주장해야 더 적합한 것 아닌가?

물론 87년 체제의 '해석투쟁'에서 진보좌파가 승리해 87년 체제를 진보세력이 전취해야한다는 조희연의 주장에 필자도 동의한다. 그러나 그것과 "현재가 87년 체제"라는 주장이 같을 순 없다. '87년 체제-97년 체제론'처럼 87년 체제를 이론적으로 강조하고 97년 체제는 87년 체제의 하위체제에 불과하다고 강변한다고, 87년 체제의 '해석투쟁'에서 진보좌파가 승리하는 것도 아니다.

진짜 주목할 것은 97년 체제에서도 민주노총, 민주화를 위한 전국교수협의회, 문화연대, 진보연대, 사노련, 사노준. 사회당, 진보신당, 민주노동당 등 급진적 운동은 계승되고 있다는 점이다. 따라서 이 같은 운동을 어떻게 활성화시킬 것인가를 고민해야지, 죽은 87년 체제를 붙잡고 있다고 사그라진 운동이 살아나는 것은 아니다.

필자가 보기에 이 같은 급진운동의 계승과 87년을 연결시키려는 조희연·서영표의 강박적 집착은 두 가지 '기이한' 현상으로 귀착하고 있다. 하나는 '87년-97년 체제 관계론'에 나타나는 87년 체제와 97년 체제간의 비대칭성이다. 97년 체제 나아가 08년 체제는 현실을 설명하기 위한 현실분석 모형, 즉 '경험적 모델'(empirical model)이다. 그러나 87년 체제는 기본적으로 진보운동이 계승하고 추구해야 한다고 조희연과 서영표가 생각하는 일종의 '규범적 모델'에 가깝다. 따라서 '87년-97년 관계론'이란 키와 몸무게를 혼합한 '키다리-뚱뚱이 관계론'처럼 전혀 차원이 다른 모델을 결합시켜 놓은, 기이한 모델이다.

또 다른 하나는 필자의 97년 체제 중심론을 '신자유주의 환원론'이라고 비판하며 08년 체제와 반MB의 중요성을 강조해온 조희연의 입장[8]에서 기이하게도 08년 체제가 슬그머니 사라지고 87년 체제가 들어앉은 점이다. 08년 체제를 강조하는 조희연의 입장을 고려할 때, 최소한 '87년-97년 (체제)관계론'이 아니라 08년 체제까지 더해 '87년 체제-97년 체제-08년 체제 관계론'을 주장해야 하는 것 아닌가? 아니 '87체제-97년 관계론'처럼 옛 체제의 유제까지 주목하려면, 61년 체제의 유제도 아직 남아 있다는 점에서 '61년 체제-87년 체제-97년 체제-08년 체제 관계론', 아니 '48년 체제-61년 체제-87년 체제-97년 체제-08년 체제 관계론'이라는 복잡다단한 체제론을 주장해야 하는 것 아닌가?

결론적으로, 우리에게 필요한 것은 죽은 87년 체제를 붙잡고 있는 '87년-97년 관계론'이나 이를 붙잡고 진보운동의 부활을 기원하는 '부활의 성령사'가 아니다. 오히려 반신자유주의와 반MB를 복합적으로 사유할 수 있는 '97년-08년 복합체제론'(08년은 하위체제라는 점에서 대문자 97년에 소문자 08년으로 표기된)을 통해 급진 운동의 현재성과 과제를 모색하는 것이다(아래 참조).

라. 97년 체제론

97년 체제의 문제를 살펴보자. 조희연·서영표는 "97년 체제를 신자유주의적 경제체제로의 전환적 계기"로 보는 필자의 견해는 경제주의적 편향이며 "97년 체제는 분명히 정치체제로서의 성격(형식적 민주

8 사실 조희연은 사회과학적인 이론적 개념으로는 08년 체제론을 처음 체계화한 장본인이다.

주의의 진전)과 경제체제로서의 성격(신자유주의적 개방의 전면화)을 동시에 가지고 있다"고 비판한다. 여기서도 문제는 역시 추상화 수준의 혼동이다.

필자가 97년 체제에서의 정치체제의 성격변화, 즉 형식적 민주주의의 전진에 대해 침묵하고 있는가? 필자는 97년 체제하의 정치체제에 대해 다음과 같이 쓴 바 있다. "한국전쟁 이후 최대의 국난이라는 경제위기에 힘입어 36년 만에 여야 간의 정권교체에 의해 반독재민주정권이 들어서고 노동조합의 정치참여 허용(김대중정부), 사당정치 극복(노무현정부)등의 일정한 민주주의의 전진이 있었다"(손호철, 2009c: 44).

문제는 (87년 체제논쟁에서의 경제체제의 변화와 마찬가지로) 이 전진의 수준이다, 다시 말해, 정치체제의 변화수준, 즉 추상성의 수준이 문제다. 그 수준은 87년의 변화수준, 즉 (파시즘에서 제한적 정치적 민주주의로의) 체제변화의 수준에 미치지 못한 낮은 수준의 변화(제한적 정치적 민주주의 내에서의 변화)이기에, 크게 보아 97년 체제는 "정치체제의 경우 87년 체제의 연장선상에 있다"고 이야기한 것이다(정치체제라는 면만 보고 97년 체제가 87년 체제의 하위체제라는 조희연의 주장도 사실은 필자의 논지와 같다).

사실 97년 체제 초기의 경우, 다시 말해 김대중정부 초기의 경우(2000년 남북정상회담 이전), 신자유주의적 구조조정에 반대하는 노동자들을 국가보안법 등으로 무더기로 구속하면서 김영삼정부 초기에 비해 양심수와 국가보안법 구속자수가 오히려 3-4배 많았다(손호철, 1999: 179-181). 그러다가 2000년 남북정상회담이후 급속히 줄었다(따라서 정치적 민주주의로 시기구분을 엄격하게 한다면 97년이 아니라 2000년이 정치체제의 중요한 분기점일 수 있다).

물론 앞의 손호철 요약(6번)에서 보았듯이, 조희연처럼 97년 체제="반독재야당세력이 집권한 체제", 08년 체제="보수세력이 재집권한 체제"이라는 식으로 체제의 전환을 실질적으로 일어난 정치변화의 수준이 아니라 '집권세력의 교체'에서 찾을 경우[9] 97년 체제는 정치적으로도 체제수준의 질적 전환이다. 그러나 이는 일종의 도구주의 국가론으로 문제가 많다. 이와 관련해 앞의 조희연·서영표 주장 요약(2번)에서 인용했듯이, 조희연은 자신이 97년 체제를 분석하면서 "정권의 교체가 체제전환의 계기인 것처럼 서술"함으로써 "정치주의로 오해될 소지를 제공했다는 것을 부정하지는 않겠다"고 인정했음을 보았다. 정권교체가 체제전환의 계기로 봐서는 안 된다는 것을 그가 인정한 것이다. 그리고 '정권교체' 대신 '형식적 민주주의의 전진'을 97년 체제의 정치적 변화로써 새롭게 지목한다.

그러나 '형식적 민주주의의 전진'을 97년 체제의 정치적 변화로 인정하는 필자를 여전히 정치적 변화를 보지 못하는 경제주의라고 비판하는 것으로 보아, 속으로는 아직도 정권교체 그 자체에 집착하고 있는 것이 아닌가 싶다. 그것이 아니라면, 97년 이후 일어난 형식적 민주주의의 전진이 필자가 주장하는 '제한적 정치적 민주주의 내에서의 일정한 전진'이 아니라 '제한적 정치적 민주주의'로부터 '제한적'이라는 수식어가 빠진 명실상부한 '정치적 민주주의' 내지 '명실상부한 자유민주주의체제'(이에 대한 기준은 주류학계조차도 '특정사상이나 특정 정당의 금지가

---

9 앞에서 이미 지적했듯이, 그럴 경우 '김대중·노무현정권', '이명박정권' 식으로 그냥 '정권'이라고 부르지 왜 어렵게 '체제'라고 부르나?

없는 것'으로 보고 있다.[10]) 또는 그 이상의 질적 변화였음을 입증해야 한다. 그래야만 비록 필자가 형식적 민주주의의 전진을 이야기하지만, 전진의 수준을 엄청나게 과소평가하여 정치적 변화를 제대로 보지 못한 경제주의적 편향이라는 주장을 할 수 있을 것이다. 다시 말해, 문제는 필자가 아니라 97년 체제에서의 민주주의의 전진을 엄청난 질적 변화인 것으로 과대평가하고 있는 조희연·서영표가 아닐까?

이처럼 정치체제의 변화는 제한적이었던 반면, 경제체제의 경우 87년 변화의 수준을 훨씬 뛰어넘어 61년과 비슷한 체제수준의 변화가 97년에 있었다. 이같이 경제체제의 변화가 정치체제의 변화의 수준보다 훨씬 근본적이기에 97년 체제는 주로 경제체제의 변화로 보아야 한다는 것이 필자의 주장이었다. 다시 말해, 조희연·서영표가 인용한 그람시의 표현을 다시 한 번 빌리면, 97년의 경제적 변화는 '유기적 변화'였고 정치적 변화는 '정세적 변화'였다. 그러나 조희연·서영표는 97년 체제를 경제체제의 변화라는 유기적 변화가 아니라 김대중정부의 출범이라는 정치적 사건의 계기(정세적 변화)를 중심으로 보고 있다(이 경우 97년 체제가 아니라 '98년 체제'가 맞다. 왜 이명박정부는 정권취임을 기준으로 07년 체제가 아니라 08년 체제라고 하면서 김대중정부는 선거가 기준이 된 97년 체제라고 부르나?). 유기적 변화보다 정세적 변화가 더 중요하다?

이를 다르게 표현해보자. 조희연·서영표는 필자가 87년 체제 분석에선 정치적 변화만 주목해 정치주의로 흘렀고 97년 체제 분석에선 경제적 변화만 주목해 경제주의로 흘렀다고 비판한 바 있다. 하지만 87년

10 그 대표적인 예가 O'Donnell & Schmitter, 1986: 13.

분석에서 정치적 변화에 주로 주목해 필자를 '정치주의'로, 97년 분석에서 경제적 변화에 주로 주목해 필자를 '경제주의'로 보이게 만든 것은 87년과 97년의 '현실'이지 필자의 이론적 편향이 아니다.

조희연과 서영표로부터 정치주의와 경제주의라는 낙인이 찍히지 않으려면 경제와 정치 분석의 산술적인 '기계적 균형'을 맞추어야 하고, 이를 위해 87년의 경제변화의 수준을 기계적으로 정치변화의 수준(체제수준)으로 격상시켜 과장, 왜곡하고 97년 정치변화의 수준은 기계적으로 경제변화의 수준(체제수준)으로 격상시켜 왜곡해야 한단 말인가? 올바른 분석이란 경제와 정치 분석의 기계적 균형을 맞추기 위해 현실을 왜곡하여 선험적인 틀에 꿰어 맞추는 것이 아니라, 현실을 '있는 그대로의 현실'로 분석하는 것이다. 따라서 정치주의와 경제주의가 '있는 그대로의 현실' 분석에 충실해 정치와 경제 분석의 산술적, 기계적 균형을 맞추지 않은 것을 의미한다면, 정치주의와 경제주의라는 비판을 필자는 얼마든지 감내할 것이다.

마지막으로, 08년 체제의 등장과 관련해, 김대중, 노무현정부가 신자유주의 때문에 실패했다는 최장집, 손호철류의 신자유주의 환원론적 설명을 넘어서야 한다는 조희연의 주장(요약 8번)[11]이다. 최장집 교

11 이 경우는 다른 경우들과 달리 필자가 신자유주의 환원론이라고 명시적으로 꼬집어 이야기하고 있지는 않다. 그러나 "최장집, 손호철 교수 등과의 논쟁에서 강조하고 싶었던 것 중 하나는 노무현정부가 신자유주의정책을 취해 실패했다는 신자유주의 환원론적 설명은 사실은 설명이 아니라 '동어반복'"이라는 비판이었다는 조희연의 설명은 결국 최장집과 손호철이 신자유주의적 환원론이라는 주장으로 읽힐 수밖에 없다. 그리고 김대중·노무현정부가 신자유주의 때문에 실패했다는 주장이 원인을 단순화한 '신자유주의 환원론적 설명' 내지 '신자유주의 중심론적 설명'일 수는 있지만 그 자체가 동어반복은 아니다. 그 주장이 어떻게 동어반복인가?

수의 글은 다 읽어보지 않아 모르는 일이고, 필자에 대한 비판에 답하겠다. 물론 지금도 필자는 두 정권이 실패한 가장 큰 이유는 신자유주의정책이라고 생각하며 긴 분량을 쓸 수 없는 짧은 언론의 글의 경우는 이러한 논지를 강조했다. 그러나 이는 실패의 모든 원인이 신자유주의라는 '신자유주의 환원론'과는 거리가 멀고, 중요한 원인이 신자유주의라는 '신자유주의 중심론'에 가깝다.[12] 그 대표적인 예가 진보언론에도 크게 보도된, 두 정권의 실패와 한국민주주의의 위기를 논한 필자의 한 논문이다(손호철, 2006b).

이 글에서 필자는 그 실패와 위기의 이유로 1) 김대중 전 대통령의 아들들이 줄줄이 연루된 '홍삼게이트'로 상징되는 운동권의 도덕성의 몰락, 2) 다수 의석을 갖고도 국보법 폐지법안 하나 통과시키지 못하고 대통령까지 직접 나서 "집값 잡을 터니 집 사지 말라"고 큰 소리를 쳐놓고 집값을 두 배로 올린 무능(게다가 자기들은 강남에 집 산 '사기행각'), 3) 국민들의 비판적 여론에 대해 "대통령은 21세기인데 국민들이 19세기라 그렇다"고 대응하는 독선과 오만, 4) 자기가 속한 진보정당 간부의

12 이 글에서도 잘 나타나듯이, 이 같은 사례가 한두 번이 아니라는 점에서 조희연은 남의 주장 중 '중심론'을 '환원론'으로 왜곡시켜 공격하는 습관이 경향적으로 존재하는 것 같다. 재미있는 것은 조희연이 자신의 필자에 대한 비판 중 오독에 의한 부분이 상당히 있었다고 인정하는 최신 글 속에서 이 같은 김대중·노무현정부 실패에 대한 신자유주의환원론을 새롭게 제기하고 나선 것이다. 한 글에서 오독에 대해 사과를 하면서 동시에 새로운 오독을 추가하는 이중성을 보인 것이다. 조희연은 이 글을 "논쟁이라는 것이 이념적 기반이나 현실인식이 다를수록 논쟁의 쟁점도 선명하고 다를수록 좋다"는 말로 시작하고 있다는 점에서 논쟁의 효과를 극대화하기 위해 이같이 상대방의 주장을 의도적으로 환원론과 같은 극단적인 입장으로 변질시켜 놓는 것인지 모른다. 그러나 그럴 경우 필자의 이번 글이 보여주듯이 논쟁의 상당 부분을 조희연의 비판이 허수아비와 싸우는 것이라는 것을 설명하는 데 소모해야 하는 비효율적인 논쟁으로 나가게 된다.

성향을 분석해 북한에 보고하는가 하면 북한 핵이 자위권이니 운운하며 '반핵과 인권'을 민주진영이 아니라 한나라당과 냉전적 보수세력의 담론으로 만들어준 일부 운동권의 오류, 5) 마지막으로 신자유주의를 지적하는 등 복합적으로 사고했다. 그런데 필자가 신자유주의환원론자라니, '마른하늘에 날벼락'이다.

마. 08년 체제론과 전략의 문제

우선 08년 체제의 경우를 살펴보자. 조희연·서영표는 필자가 "97년 체제의 성격은 이명박 수립 이후에도 바뀌지 않았기 때문에 08년 체제를 이야기하는 것은 의미가 없다"고 주장하고 있다고 비판한다(156). 이 또한 완전한 오독이다. 필자의 원래의 글 중 해당 부분을 인용해보면, "분석적 개념이 아니라 이명박정부를 지칭하는 서술적 용어로, 나아가 97년 체제의 하위체제로 이야기하는 것 이외에는 08년 체제를 이야기할 근거는 아직 없다"고 썼다(손호철, 2009c: 44). 어떻게 이 주장이 "08년 체제를 이야기하는 것은 의미가 없다"는 주장인가? 필자의 논지는 오히려 "08년 체제를 97년 체제의 대체체제가 아니라 '97년 체제의 하위체제'로는 이야기할 수 있다"는 주장에 다름 아니다. 그리고 그 같은 입장에 따라 08년 체제의 성격을 1) 정치체제로서 정치적 재권위주의화, 2) 경제체제로서 '좌파 신자유주의'에서 '우파 신자유주의'로의 변화, 3) 분단체제로서 2000년 평화체제에서 냉전체제로의 전환이라고 그림으로까지 정리해 보여주었다(위의 손호철 주장 7번 참조).

그런데도 조희연·서영표 같은 일류학자가 필자의 주장을 "08년 체제를 이야기하는 것은 의미가 없다"라고 요약한 뒤, 나아가 필자가 "97년 체제와 08년 체제를 동일시"하고 있다고 요약한 뒤, 이를 비판한 것은 필자를 쉽게 공격하기 위한 악의적 왜곡이 아닐 수 없다. 그들의 주장처럼 필자가 "97년 체제와 08년 체제를 동일시"한다면, 왜 하위체제라는 개념을 사용하고 1) 정치체제로서 정치적 재권위주의화, 2) 경제체제로서 좌파 신자유주의에서 우파 신자유주의로의 변화, 3) 분단체제로서 2000년 평화체제에서 냉전체제로의 전환이라는 분석을 굳이 하겠는가? 상식 이하, 수준 이하의 비판이다.

논쟁을 하려면 남의 주장을 정확히 전제한 뒤 공격해야지, 허수아비를 만들어 부셔놓고 이겼다고 만세를 부르면 안 된다. 강조하지만, 하위체제란 동일시가 아니라 김, 노정부와 MB정부 사이의 단절성과 연속성을 '동시에' 사고하기 위한 개념이며, 다시 생각해 보아도 정확한 개념라고 생각한다.[13] 어쩌면 조희연·서영표이 필자의 주장을 이렇게 왜곡한 것은 08년 체제는 97년 체제의 대체체제가 아니라 '97년 체제의 하위체제'라는 주장은 쉽게 공격하기가 쉽지 않아서 인지 모른다.

여기서도 문제는 여전히 추상성이다. 조희연·서영표의 경우 체제변화를 김대중정부 출범, 이명박정부 출범이라는 정치적 사건을 중심으로 보니 당연히 08년 체제가 97년 체제를 대체한 것으로 분석해야 옳다. 그렇다면 이는 08년 체제의 정세적인 변화의 추성성을 과대평가

13 김대중·노무현정권과 이명박정권 사이의 단절성과 연속성을 '동시에' 보기 위해 08년 체제를 97년 체제의 하위체제로 파악한 필자의 주장을 세 정권을 동일시했다고 보고 있다는 사실은 역으로 조희연과 서영표가 이들 정권간 사이의 연속성에는 눈을 감고 단절성만을 얼마나 절실하게 보고 싶어 하는지를 간접적으로 입증해주는 셈이다.

한 셈이다. 어떻게 97년 체제라는 경제체제의 질적 변화(유기적 변화)와 신자유주의체제 내에서 좌파 신자유주의에서 우파 신자유주의로의 변화(정세적 변화)를 같은 수준의 변화로 동일시할 것인가? 스스로도 이 같은 문제점을 알고 있는 듯, 조희연·서영표는 "08년 체제가 97년 체제와 급격하게 단절되었다고 보지 않는다"고, "심층적인 부분에서 97년 체제와 08년 체제 사이의 연속성"을 인정한다고 말한다.

그렇다면 이는 08년 체제는 97년 체제의 대체체제가 아니라 '97년 체제의 하위체제'라는 필자의 주장과 무엇이 다른가? "당장 눈앞의 투쟁인 08년 체제의 문제, 나아가 보다 심층적인 97년 체제의 문제"라는 필자의 주장, "현재의 한국에서 반신자유주의가 주모순이고, 반MB는 주모순의 주된 측면"이라는 필자의 주장과 무엇이 다른가? 경제체제는 아니지만 정치체제 수준에서는 질적 체제변화(정세적 변화를 넘어선 유기적 변화)가 일어나고 있다는 주장인가? 구체적으로, 제한적 정치적 민주주의 범위 내에서 정치적 재권위주의화가 일어나고 있는 것이 아니라 파시즘으로의 질적 체제변화가 일어나고 있다는 주장인가? 다시 말해, 이명박정부는 파시즘체제라는 주장인가?[14] 그렇지는 않을 것이다. 결국 조희연과 서영표가 겉으로는 부정했지만 내심 체제의 전환을 실질적으로 일어난 정치변화의 수준이 아니라 여전히 '집권세력의 교체', 즉 정권교체로 보고 97년과의 질적 단절을 강조하고 있는 것은 아닌지, 의심스럽다.

다음으로 조희연·서영표가 이야기하는 자신의 전략들과 손호철의

14 이에 대한 논쟁은 문화과학, 2009 참조.

반MB, 반신자유주의 결합론의 차이를 살펴보자(조희연, 서영표 요약 7번). 이를 위해 조희연·서영표의 글을 그대로 인용하되 이들이 사용하고 있는 급진민주주의론의 '유식한' 용어들을 필자와 운동진영에서 사용하는 조야한 '일상언어'로 대체해보고자 한다. 그리고 원래의 글과 비교할 수 있도록 대체한 조희연·서영표의 용어는 괄호 안에 표기하였다.

> "헤게모니전략의 관점에서 반MB전선(국민적 정치전선)과 반신자유주의적 정치전선의 이중적 존재를 정확히 파악하고 정치공간(국민정치적 공간)에 반신자유주의적 세력이 어떻게 헤게모니적 개입전략을 구사할 것 인가하는 문제의식이 필요하다고 생각한다. 이것은 한편에서는 정치공간(국민적 정치공간)에서 형성되고 있는 쟁점들을 반신자유주의전선으로 발전시키는 것, 즉 반MB전선(국민적 전선)에서 반신자유주의적 내용을 강화하는 것과 다른 한편에서는 (정치적 권위주의화, 냉전적 남북관계로의 회귀 등—이는 필자가 논지를 명확히 하기 위해 추가한 것임) 반신자유주의전선으로 환원할 수 없는 고유한 반MB전선(국민적 정치전선)에 반신자유주의세력, 진보세력, 급진세력이 적극적으로 개입함으로써 대항헤게모니의 토대를 마련하는 것이다."

적어도 위의 인용부분에 관한 한, '국민적 정치전선'을 '반MB(국민)전선'으로, '국민적 정치공간'을 그냥 '정치공간'으로 바꾸면 필자가 하고 있는 이야기와 별로 다르지 않다. 그런데도 이 같은 주장을 논거로 제시한 뒤 바로 이어서 필자의 주장을 "'경제환원주의' 혹은 신자유주의 환원주의적 접근"으로 몰면서 국민적 정치전선과 반신자유주의적 정치전선의 이중적 접근에 기반한 "급진민주주의적 헤게모니전략의 관점이 필요하다"고 하니, 기이하기만 하다. 필자가 반MB전선의 주요 내용의 일부로 지적하고 있는 정치적 재권위주의화(정치체제)와 2000년 평화체제에서 냉전체제로의 전환(분단체제)에 대한 저항도 '경제환원주의' 혹은 '신자유주의 환원주의적 접근'인가?

물론 급진민주주의론[15]은 중요한 이론적 전통으로 한국 정치 분석과 실천적 전략 수립에 매우 요긴한 관점이다. 그러나 그 이론의 기여는 그것이 내용면에서 기존의 주장, 전략과 어떻게 다른지를 그 구체적으로 제시하고 논증할 때에 가능해진다. 그것이 아니라 자신의 주장과 별 차이가 없는 타인의 주장을 경제환원론으로 몰면서, "상이한 함의"를 독자들은 알 것이라는 선문답 같은 '뉘앙스의 사회과학'론을 편다고 해결되는 문제는 아니다.

앞에서 인정했지만, 필자의 체제론은 고추상적인 이론으로 구체적인 정세적 계기와 일상적 정치공간에 대한 구체적인 분석의 보완이 필요하다. 반신자유주의와 반MB를 복합적으로 사유할 수 있는 필자의

15 이에 대한 기본 텍스트와 비판적 관점은 각각 Laclau & Mouffe, 1985; 우드, 1993 중 4장을 참조. 개인적으로는 필자가 편역한 우드의 비판적 관점, 즉 '급진민주주의론'은 여러 장점에도 불구하고 변혁의 '사회적 토대'의 존재 자체를 부정하고 변혁을 담화의 문제로 치환하는 '담화혁명론'("태초에 말이 있었으니…")이라는 관점에 더 가깝다. 급진민주주의론은 헤게모니의 문제도 그람시가 주목한 헤게모니의 '물적 토대'의 문제를 무시하고 헤게모니를 담론실천에 의해 좌우되는 지적, 도덕적, 정치적 문제로 파악하는 헤게모니에 대한 주관주의적이고 관념론적 해석(그람시로부터 마르크스의 『독일이데올로기』로의 후퇴)에 기초해 있다는 생각이 든다. 나아가 헤게모니에 대한 이 같은 이해는 지배계급과 피지배계급간의 비대칭성, 즉 지배적 헤게모니와 대조적으로 대항헤게모니의 '물적 토대의 부재'에서 연유하는 실천적 곤궁을 회피하게 만드는 것 같다.

97년-08년 복합체제론을 전제로 하여 신자유주의가 구체적 정세에서 대중의 삶을 어떻게 파괴하고 있는가(청년실업, 사오정, 쌍용차 등), 이명박정부가 구체적으로 우리의 삶을 어떻게 피폐화하고 있는가(민주적 권리의 공격, 강부자, 용산 참사 등)를 분석하고(레닌의 표현을 빌리면 "구체적 상황의 구체적 분석"[16]) 이에 개입해 나가는 것은 앞으로 풀어 나가야 할 과제다. 이와 관련하여, 조희연과 서영표가 '87년-97년 관계론' 대신 반신자유주의와 반MB를 복합적으로 사유할 수 있는 필자의 '97년-08년 복합체제론(08년은 하위체제라는 점에서 대문자 97년에 소문자 08년으로 표기된)을 채택하고, 여기에 자신들의 급진민주주의론에 기초해 역동하는 정치정세와 사람들의 불안과 잠재적 저항이 교차하는 일상의 정치적 공간에 대한 통찰력을 발휘할 수 있는 분석과 전략을 더해 나가기를 바란다.[17]

마지막으로, 조희연의 '새 정치연합'제안과 유연한 헤게모니전략에 대해 몇 가지만 지적하겠다. 첫째, '새 정치연합'의 문제이다. 필자 역시 반신자유주의, 반MB전선 이외에도 진보진영(을 관통하는) 내부전선('친북주의', 개량주의 대 변혁주의 등)을 고려한 다양한 진보연합의 가능성을 분석한 바 있다(손호철, 2009f). 나아가 향후 선거들과 관련해 반신자유주의 내지 반자본주의라는 '최대강령의 최소연합'과 반MB중심의 '최소강령의 최대연합'이라는 이분법을 넘어서 그 중간의 '최적(optimal)

16 Lenin, 1964: 316.

17 사실 체제론과 급진적 민주주의는 '인종'과 '몸무게'처럼 전혀 상관이 없는 두 개의 별개의 이론 틀이다. 따라서 조희연의 87년 체제에 대한 '정서적 집착'이외에는 급진적 민주주의(서영표의)를 87년 체제와 결합시켜야 할 내적 필연은 존재하지 않는다.

강령의 최적연합', 즉 다양한 세력이 합의할 수 있는 최적강령을 정하고 '민주당 좌파'까지 어우를 수 있는 최적연합까지도 하나의 가능성으로 제기한 바 있다(손호철, 2009i).

그러나 이들 글에서 이미 지적한 바 있듯이, 물론 이 같은 정당이나 정치세력간의 상층부연합도 중요하지만 이보다 중요한 것은 '대중' 내지 '민중'이다. 다시 말해, 대중을 움직여 '풀뿌리 연합'(예를 들어 '풀뿌리 복지연합'[18])을 만들어내는 한편 다양한 형태의 대안적 공동체들을 확산시켜 나가는 것이 가장 중요하다. 대중을 움직이지 못한다면 상층부연합은 그 형태가 어떤 것이 되건, 한계가 많을 수밖에 없다. 따라서 상층부연합을 중심으로 사고하는 조희연의 전략, 특히 유연한 헤게모니 전략을 민주당과 같은 자유주의세력과의 '유연한 상층부 연합전략'을 중심으로 사고하는 것은 문제가 있다고 생각한다.[19]

사실 이승원이 잘 지적했듯이, 진보진영 내에서도 반신자유주의와 반MB의 문제를 단순히 (또는 주로) "반신자유주의적인 진보정당 지지냐 아니면 민주당에 대한 비판적 지지냐"는 문제로 사고하는 경향이 존재해 왔다(이승원, 2009). 그러나 이를 넘어서야 한다. 예를 들어, 얼마전(2009년) 터져 나온 GM대우문제, 쌍용자동차문제에 대해 단순한 MB정권의 미온적 대응의 비판에 머문다면 이는 반MB론이다. 그것이

18 노회찬 진보신당대표(현 정의당 원내대표)가 제안한 민들레연합은 그 같은 예로 모호성 등 여러 문제에도 불구하고 중요한 제안이다(노회찬, 2009).

19 유연한 헤게모니전략이 무엇인지 명확하게 기술하지 않아 모호하며 그것이 자유주의세력과의 유연한 연대를 의미하지 않을 수도 있다. 그러나 조희연의 글 제목이 "좌파는 유연한 정치연합 구사해야"라는 것이었다는 점과 "반MB투쟁속에서 반독재 자유주의세력들과 연대"(조희연, 2009b)라는 전략을 지적하고 있다는 점 등과 관련해 그렇게 독해했다.

아니라 민중진영의 반대와 '국유화' 내지 '사회화' 요구에도 불구하고 이를 해외매각해 파탄을 가져온 김대중, 노무현정부의 신자유주의적 구조조정의 반민중성을 폭로하고 지금이라도 이들 기업을 '사회화'해야 한다고 선전함으로써 반신자유주의의 대항헤게모니를 강화해 나가는 대항헤게모니전략 방식이 올바른 대응이다(손호철, 2009j).

그러나 반MB론의 한계를 비판하며 반신자유주의를 주장해온 진보정당이나 진보언론들까지도 후자는 별로 노력을 기울이지 않고 이 문제에 관한 한, 김대중, 노무현이 저질러 놓은 '오물청소'를 제대로 못한 책임'밖'에 없는, '엄한' MB나 잡고 있었다(이에 대한 비판은 손호철, 2009i). 이처럼 반신자유주의와 반MB의 문제는 단순한 선거지형을 넘어서 구체적인 정세와 사회현안 속에서 구체적으로 정치화되어야 한다. 나아가 상층부연합이라는 것도 민주노동당, 진보신당, 사회당, 사노준과 같은 진보정당과 정파, 그리고 민주당과의 연합을 중심으로 사고하는 전통적 방식을 넘어서 필자가 '부분체제'라고 부른 젠더체제, 환경체제, 분단체제들과 관련해 급진적 페미니즘, 급진적 생태운동, 급진적 평화운동 등의 '녹·보·적 연대'[20]와 같은 '무지개 진보연합'을 고민하는 것이 필요하다.[21]

둘째로, 대안적 '국민-대중적' 세력화와 유연한 헤게모니전략 문제이다. 필자 역시 진보세력이 '경제적-조합주의적' 세력을 넘어서 헤게

20 녹색(생태주의), 보라(페미니즘), 적색(좌파)의 연대를 지칭하는 것으로 이에 대해서는 박영균, 2009a와 박영균, 2009b 참조. 사실 라클라우와 무페의 급진적 민주주의라는 것도 원래 이 같은 운동들 간의 '등가적 연대'라는 문제의식에서 출발한 것으로 기억된다.

21 이 점에서도 부분체제의 독자성을 인정하는 필자의 방식이 장점이 있다고 생각한다.

모니를 갖춘 '국민–민중적' 세력[22]이 되어야 한다고 주장하며, 안기부법과 노동법 개악에 맞서 민주노총이 벌린 97년 총파업이야말로 진보세력이 안기부법이라는 민주주의의 문제를 가장 치열하게 투쟁함으로써 일시적이지만 '국민–민중적' 세력이 된 드문 경험이었다고 분석한 바 있다(Sonn, 1997). 따라서 조희연의 '국민–대중적' 세력화론에 기본적으로 동의한다. 다만 노파심에서 한 가지 문제만 집고 넘어가자면, 유연한 헤게모니전략의 '유연성'을 '우경화'로 혼동해서는 안 된다는 점이다.

개인적인 생각으로 진보진영의 문제 중 하나는 구체성을 결여한 관념성인데, 진보진영 중 상당수가 이 관념성을 급진성과 혼동해 "결국 급진성이 문제"라고 오판하고 우경화를 통해 이 문제를 해결하려한 결과, 관념성은 그대로 지닌 채 우로, 우로 이동하는 경향이 있었다. 그러나 정주영의 '아파트 반값'공약이 진보진영보다 훨씬 급진적이었다. 다시 말해, 관념성과 추상성을 그대로 지닌 채 우경화를 하는 것이 유연한 것이 아니다. 오히려 신자유주의와 이명박정부의 정책이 가져온 직접적인 삶(교육, 직장, 건강, 노후 등)의 폐해에 대한 구체적이면서도 발본적인 급진적 대안('정책적 대안'내지 '대안적 공동체' 등)을 제시하고, 이를 통해 대항헤게모니를 구축해 나가야 한다.

4. 87년 체제론을 묻으며

이 글을 통해 한국체제논쟁에 대한 필자의 비판적 개입과 이에 대

22 '국민–대중적'은 그람시의 national–popular를 번역한 것으로 '국민–대중적'보다는 '국민–민중적'이 더 적합하다는 것이 필자의 생각이다.

한 조희연·서영표의 반론, 그리고 이를 둘러싼 지상논쟁을 다시 비판적으로 살펴보았다. 특히 그들의 주장 중 동의할 수 있는 비판들을 수용하는 한편 필자의 주장을 왜곡한 비판을 반박하고 필자와 다른 주요 주장들에 대해서도 (재)반론을 제기했다.

여기에서 나타난 구체적인 비판의 내용과는 별개로, 조희연과 서영표가 필자에 대한 반론 속에 가지고 있는 문제의식은 추상적 논의를 넘어서 다양한 실천적 계기, 구체적 지점들에 착목하자는 것으로 보인다. 이는 바람직한 것으로 필자가 겸손한 자세로 배우려고 한다. 그러나 그 같은 구체적 분석이 추상성을 혼동해서 이루어져서는 안 된다. 나아가 다양한 측면에 대한 서술적 풍부함이 '인상주의적 서술'을 '과학적 분석'으로 혼동하는 '사회학적 서술주의'로 흘러서는 안 된다고 생각한다.[23]

문득 프랑스공산당의 프롤레타리아트(PT)독재 논쟁당시 발리바르(Balibar, 1977)가 한 이야기가 생각난다. 전술 전략적 필요성, 실천적 요구는 중요하고 실천이 좌파이론의 궁극적인 목표이지만, 그렇다고 이론을 실천적 필요, 전략적 필요에 꿰어 맞출 수는 없다는 주장이다. 예컨대, 현실적으로 반MB투쟁이 절실하게 필요하다고, 08년 체제의 수준을 무매개적으로 격상시켜 97년 체제를 대체한 것이라고 이론을 꿰어 맞출 수는 없는 노릇이다. 필자의 이러한 생각, 그리고 08년 체제는 97년 체제의 대체가 아니라 하위체제라는 필자의 08년 체제론이 '이론

23 이 같은 필자의 주장이 '서술적 연구'의 가치를 부인하려는 것은 결코 아니다. 오히려 우리 사회과학의 문제는 '풍부한 서술적 연구'가 부족하다는 것이며 따라서 '밀도 있는 서술(thick description)'이 무엇보다 필요하다고 생각한다. 그러나 그것을 '이론적 분석'으로 혼동하는 것은 전혀 다른 문제다.

주의'라면, 필자는 이 '이론주의'라는 주홍글씨를 기꺼이 감수하고 나갈 것이다.

다시 강조하지만, 우리에게 필요한 것은 죽은 87년 체제를 붙잡고 있는 '87년-97년 관계론'이 아니다. 오히려 반신자유주의와 반MB를 복합적으로 사유할 수 있는 '97년-08년 복합체제론'(08년은 하위체제라는 점에서 대문자 97년에 소문자 08년으로 표기된)이다. 이제 87년 체제에게 그에 합당한 장례식을 지내주고 우리의 현재와 싸우자.

부 록

11월시민혁명 일지

2014년

11월	《세계일보》, 정윤회 관련 '십상시'문건 보도
12월	검찰, 면죄부 부여

2015년

1월	최순실 측근 고영태, TV조선에 관련자료 제공

2016년

7월	TV조선, 미르, K스포츠재단 보도
7월	《조선일보》, 우병우 의혹 보도
7월	이대학생들, 미래라이프단과대학사업철회 본관점거농성 (최순실 딸 정유라 부정입학게이트의 발단)
8월	청와대 반격: 《조선일보》 주필 비리폭로 미르 등 "부패언론과 좌파의 대통령 흔들기"로 비판
8월	이석수특별감찰관 사임(우병우, 미르 재단 수사 관련)
9월	《한겨레》 미르, K스포츠재단 후속 보도
9월	국정감사, 정유라특혜입학과 미르, K스포츠재단 비판
10월 24일	박근혜 개헌론 제기

10월 24일	JTBC, 최순실 테블릿PC 보도(박근혜 연설문 손질)
	보도 후 박근혜게이트 전면화, 하야와 탄핵요구 폭발
10월 25일	박근혜 1차 담화
	("최순실, 어려울 때 도움준 사람. 비서진 갖추기 전 표현 등 도움")
10월 27일	정의당, 질서있는 퇴진론으로 하야국민운동 동참선언
10월 말	검찰, 박근혜게이트 수사 착수
10월 29일	퇴진행동 1차 촛불집회(내려와라 박근혜)
	50,000명(주최측 추산)
10월 30일	최순실 귀국(이후 검찰출두)
11월 4일	박근혜 2차 담화
	("특정인이 범법행위 했다니 안타깝다. 성역 없이 수사하라")
11월 5일	2차 촛불집회 (내려와라 박근혜)
	200,000명(누계 총 250,000명)
11월 12일	3차 촛불집회(내려와라 박근혜)
	1,000,000명(총 1,250,000명)
11월 13일	국민의당, 질서있는 퇴진론 합류
11월 13일	정의당, 탄핵당론으로 국회 탄핵소추위 설치 제안
11월 14일	더불어민주당, 야당중 마지막으로 질서있는 퇴진론 합류
11월 17일	'박근혜 최순실 국정농단특검법' 통과(찬성 196, 반대 10, 기권 14)
11월 19일	4차 촛불집회(박근혜 퇴진)
	952,000명(총 2,202,000명)
11월 21일	더불어민주당, 국민의당 탄핵당론 채택

11월 22일 야3당 탄핵추진 합의

11월 23일 비박계 탄핵추진 표명

11월 26일 5차 촛불집회(박근혜 즉각퇴진)

1,900,000명(총 4,102,000명)

11월 29일 박근혜 3차 담화

("임기단축 등 수습방안을 국회가 결정하면 따르겠다.")

11월 30일 박근혜, 박영수 특별검사 임명

11월 30일 박근혜퇴진 1차 총파업 60,000명(총 4,162,000명)

12월 1일 국민의당, 12월 2일 탄핵안처리 야3당 합의번복

비판여론 쇄도로 3일 발의, 9일 처리 재합의

12월 3일 6차 촛불집회(박근혜 즉각퇴진, 국회탄핵 압박)

2,320,000명(총 6,482,000명)

12월 3일 더불어민주당, 국민의당, 정의당, 무소속 171명 탄핵안 발의

12월 9일 국회, 탄핵가결(찬성 234, 반대 56, 기권 무효 9)

국회, 탄핵소추의결서 헌법재판소 접수

헌재, 탄핵 심의 착수

황교안 대통령권한대행체제 출범

12월 10일 7차 촛불집회(박근혜정권 끝장내는 날)

1,043,400명(총 7,525,400명)

12월 17일 8차 촛불집회(즉각퇴진, 조기탄핵, 적폐청산)

771,750명(총 8,297,150명)

12월 21일 특검, 수사착수

12월 24일　9차 촛불집회(즉각퇴진, 조기탄핵, 적폐청산)

702,000명(총 8,999,150명)

12월 27일　비박계, 새누리당 탈당

12월 31일　10차 촛불집회(즉각퇴진, 조기탄핵, 적폐청산, 송박영신)

1,104,000명(총 10,103,150명)

2017년

1월 7일　11차 촛불집회(즉각퇴진, 황교안사퇴, 적폐청산)

643,380명(총 10,746,530명)

1월 14일　12차 촛불집회(조기탄핵, 공작정치주범 및 재벌총수구속)

146,700명(총 10,893,230명)

1월 19일　삼성 이재용부회장 구속영장 기각

1월 21일　13차 촛불집회(내려와 박근혜, 바꾸자 헬조선, 설맞이)

323,400명(총 11,246,630명)

1월 21일　'법꾸라지' 김기춘, 조윤선 구속

1월 24일　비박계, 바른정당 창당

2월 4일　14차 촛불집회(2월 탄핵, 황교안사퇴, 공범구속, 촛불개혁실현)

425,500명(총 11,672,130명)

2월 11일　15차 촛불집회(2월 탄핵, 특검연장, 박근혜·황교안 즉각사퇴)

806,000명(총 12,478,130명)

2월 13일　새누리당, 자유한국당으로 당명개정

더불어민주당, 자유한국당, 국민의당, 바른정당, 헌재결과 승복합의

정의당, 4당 승복합의 우회 비판

2월 16일	법원, 특검의 청와대 압수수색 소송 각하
	특검, 수사기간 연장 신청
	이재명, 헌재기각결정 불복 시사
2월 17일	삼성 이재용부회장 구속
2월 18일	16차 촛불집회(조속탄핵, 박근혜, 황교안 즉각퇴진. 특검연장)
	845,000명(총 13,333,130명)
2월 25일	17차 촛불집회(박근혜정권 4년, 너희들 세상은 끝났다!)
	1,078,130명(총 14,411,260명)
3월 1일	18차(3.1절 특별) 촛불집회
	(박근혜 구속 만세! 탄핵인용 만세! 황교안 퇴진!)
	300,000명(총 14,711,260명)
3월 4일	19차 촛불집회(박근혜없는 3월, 그래야 봄이다!)
	1,050,000명(총 천오백만 명 돌파)
	(총파업 6만 명 포함 15,761,260명)
3월 10일	헌법재판소, 탄핵인용(8대 0)
3월 11일	20차 촛불(승리)집회(촛불과 함께한 모든 날이 좋았다)
	708,160명(총 16,469,420명)
3월 25일	21차 촛불집회(세월호 진상규명, 박근혜 구속)
4월 15일	22차 촛불집회(세월호를 기억하라)
4월 29일	23차 촛불집회(광장의 경고, 촛불민심을 들어라)
5월 24일	퇴진행동 해산
	(공식집계 총 16,848,000명 참가)

참고 문헌

가타리, 펠릭스. 윤수종 역. 1998.『분자혁명』. 서울: 푸른숲.

강남훈 외. 2014.『기본소득운동의 세계적 현황과 전망』. 고양: 박종철출판사.

강내희. 2000. "재현체계와 근대성".『문화과학』겨울호 제 24호. 문화과학사.

김세균. 1998. "IMF 관리체제, 김대중정권, 그리고 노동운동."『현장에서 미래로』 3월호.

김세직 외. 2015. "학생잠재력인가? 부모잠재력인가?".『경제논집』. 서울대경제연구소 54: 2.

김수영. 1988.『김수영시선집: 사랑의 변주곡』. 서울: 창작과비평사.

김용석 편. 1987.『식민지반봉건사회론연구』. 서울: 아침.

김종엽. 2005. "분단체제와 87년 체제."『창작과비평』130호(겨울). 창비.

김헌태. 2009.『분노한 대중의 사회』. 서울: 후마니타스.

김호기. 2009. "87년 체제인가? 97년 체제인가?" 김종엽 엮음.『87년 체제론』. 서울: 창비.

노무현. 2006. "국민과의 인터넷대화." 2006년 3월 23일.

노중기. 1997. "한국의 노동체제 변동: 1987-1997."『경제와 사회』36호.

______. 2007. "민주화 20년, 노동의 위기와 민주주의." 학술단체협의회민주화운동기념사업회 편.『한국민주주의의 현실과 도전』. 서울: 한울.

노회찬. 2009. "반MB연대, 이대로 좋은가?" 진보신당 대토론회(2009년 8월 12일).

『문화과학』. 2009. "파시즘" 특집 58호(여름). 문화과학사.

박명림. 2005. "87년 헌법체제 개혁과 한국민주주의."『창작과비평』130호(겨울). 창비.

박상훈. 2009. "민주화이후 정당체제의 구조와 변화." 김종엽 엮음,『87년 체제론』. 창비.

박영균. 2008. "촛불의 정치경제학적 배경과 정치학적 미래."『진보평론』37호(가을호).
______. 2009a. “오늘날 마르크스주의적 관점에서 적·녹·보라의 연대를 어떻게 모색할 것인가”. 『진보평론』 40호(여름).
______. 2009b. “인권과 헤게모니 정치를 위한 제언”. 녹보적 연구자네트워크(가칭) 발표논문 (9월 19일).
박인수. 2006. 『한국헌법의 이해』. 영남대학교 출판부.
백낙청. 1992. “분단체제의 인식을 위하여”. 『창작과 비평』 78호(겨울).
______. 2009. “6월항쟁 20주년에 본 87년 체제.” 김종엽 엮음, 『87년 체제론』. 창비.
______. 2013. 『2013년 체제 만들기』. 창비.
서영표. 2009. “일상의 정치공간에 대한 통찰부족”. 《레디앙》. 2009년 9월 23일자.
손호철. 1991. “자본주의국가와 토지공개념”. 손호철. 『한국정치학의 새구상』. 서울: 풀빛.
______. 1995. “개발독재론의 재평가”. 손호철. 『해방 50년의 한국정치』. 서울: 새길.
______. 1997. 『3김을 넘어서』. 서울: 푸른 숲.
______. 1999. 『신자유주의시대의 한국정치』. 서울: 푸른 숲.
______. 2001a. “단전소동 부른 전략자율화”, 《동아일보》. 1월 31일자.
______. 2001b. “캘리포니아단전 이후” 《동아일보》. 5월 1일자.
______. 2002. “푸코의 권력론 읽기.” 손호철. 『근대와 탈근대의 정치학』. 서울: 문화과학사.
______. 2003. 『현대한국정치: 이론과 역사』(개정증보 2판). 서울: 사회평론.
______. 2006a. 『해방 60년의 한국정치: 1945-2005』. 서울: 이매진.
______. 2006b. “한국 민주화운동과 민주주의의 위기: 민주화운동의 자기성찰을 중심으로.” 71동지회 2006년 송년토론회 발표논문(12월 5일).
______. 2007a. “한국 민주주의 20년: 성과, 한계, 위기.” 학술단체협의회민주화운동기념사업회 편, 『한국민주주의의 현실과 도전』. 서울: 한울.
______. 2007b. 『마추픽추 정상에서 라틴 아메리카를 보다』. 서울: 이매진.
______. 2009a. “이명박정부의 속도전과 진보진영의 대응.” 『진보평론』 39호(봄). 진보평론.
______. 2009b. “한국사회, 파시즘이 오는가.” 대구경북 민교협 정세토론회 발표논문(5월 13일).

______. 2009c. “한국체제논쟁을 다시 생각한다.” 『한국과 국제정치』 25권 2호(여름). 경남대학교 극동문제연구소.

______. 2009d. “문제는 반MB연합과 반신자유주의연합의 결합이다.” 《한겨레》 6월 18일.

______. 2009e. “바보 노무현 계승자는 진보정치.” 《레디앙》 6월 23일자 인터뷰.

______. 2009f. “내가 ‘신자유주의 환원론자’라굽쇼?” 《레디앙》 9월 16일자.

______. 2009g.“기꺼이 ‘이론주의자’가 되겠다.” 《레디앙》 9월 24일자.

______. 2009h. “이명박정부의 속도전과 진보진영의 대응.” 『진보평론』 39호(봄). 진보평론.

______. 2009i. “미네르바의 단상: MB를 넘어, 김대중·노무현을 넘어.” 정세모임(가칭) 발제(9월 6일).

______. 2009j. “부두(voodoo) 경제학, 부두 정치를 넘어서: 쌍용차와 GM대우 문제를 다 시 생각한다.” 《프레시안》 2009년 6월 22일.

______. 2009k. “쌍용차에서 무엇을 배울 것인가.” 《프레시안》 2009년 8월 10일.

______. 2009l. “사회학적 서술주의와 추상성의 혼동을 넘어서”. 『마르크스주의 연구』. 가을(6: 3).

______. 2010a. 『빵과 자유를 위한 정치』. 서울: 해피스토리.

______. 2010b. “북세습비판은 공안논리이고, 오리엔탈리즘인가”. 《프레시안》 10월 12일자.

______. 2011. 『현대한국정치: 이론, 역사, 현실, 1945−2011』. 서울: 이매진.

______. 2013. “이석기를 넘어서”. 《경향신문》. 9월 15일자.

______. 2013. “다시 지하당 시대를 원하는가”. 《경향신문》. 11월 17일자.

______. 2016. “광화문항쟁 이제 무엇을 할 것인가?” 《프레시안》 11월 16일자.

______. 2017a. “박근혜 6대 적폐, 황교안이 살리고 있다”. 《프레시안》 1월3일자.

______. 2017b. “촛불혁명으로 뉴DJP연합 하자굽쇼?” 《프레시안》 1월 8일자.

______. 2017c. “결국 문제는 정치다”. 《경향신문》. 1월 10일자.

______. 2017d. “11월시민혁명, 광장과 대의제를 생각한다”. 『마르크스주의 연구』. 14: 1.

______. 2017e. “우리는 어디서 왔으며 어디로 가야하는가?”. 한국정치학회. 사회학회시국토론회(1월 18일).

손호철·전제성. 2009. “세계화에 대한 동아시아반전국가의 대응 비교연구”. 손호철·김원 편. 『세계화와 한국의 국가시민사회 II』. 서울: 이매진.
손호철·방인혁. 2012. "남북한 적대적 의존론에 대한 비판적 연구". 『한국과 국제정치』 28:2. 경남대학교 극동문제연구소.
알튀세르, 루이. 김경민 엮음. 1992. "오늘날의 마르크스주의." 루이 알튀세르. 『마침내 마르크스주의의 위기가』. 서울: 백의.
양재진. 2017. "선거국면의 복지공약평가와 국민복지증진: 기본소득제 비판". 국회복지정책토론회(1월 26일).
오기평 편, 2000. 『21세기 미국패권과 국제질서』. 서울: 오름.
우드, 앨린 메이신즈 외. 손호철 편역. 1993. 『계급으로부터의 후퇴』. 서울: 창작과 비평사.
유철규. 2005. "80년대 후반이후 경제구조 변화의 의미." 『창작과비평』 130호(겨울). 창비.
윤상철. 2005. "87년 체제의 정치지형: 과도적 불안정성." 창비시민행동 공동 심포지엄 '87년 체제의 극복을 위하여' 발표 논문.
윤소영. 1999. 『신자유주의적 금융세계화와 워싱턴 콘센서스』. 서울: 공감.
이갑용. 2009. 『길은 복잡하지 않다』. 서울: 철수와 영희.
이갑윤, 2011. 『한국인의 투표행태』. 서울: 후마니타스.
이병천. 1998. "발전국가자본주의와 발전딜레마." 『창작과비평』 101호(가을). 창비.
이승원. 2009. "'선거환상'에서 벗어나는 계기 되어야." 《레디앙》 2009년 10월 9일자.
이영성·김호기 엮음. 2007. 『시대정신 대논쟁: 87년 체제에서 08년 체제로』. 서울: 아르케.
이영훈. 2007. 『대한민국이야기』. 서울: 기파랑.
이장규. 2014. 『대통령의 경제학』. 서울: 기파랑.
임영일. 1997. "민주화이행기의 계급정치와 노사관계, 1987~1997." 6.10 민주화운동기념학술대회 발표 논문.
______. 2003. "신자유주의적 구조조정과 노동체제전환." 경상대학교 사회과학연구원 편, 『신자유주의적 구조조정과 노동운동』. 서울: 한울.
정병기. 2008. "한국역대정권과 노동의 관계." 『진보평론』 38호(겨울). 진보평론.
정상근. 2009. "손호철 97년 체제론은 경제주의적 편향." 《레디앙》 2009년 9월 10일자.

정승일. 2017. 『누가 가짜 경제민주화를 말하는가』. 서울: 책담.

정영태. 2005. 『신자유주의시대 한국사회의 변화와 진보정당』. 인천: 인하대학교 출판부.

정인경외. 2005. 『인민주의비판』. 서울: 공감.

정일준. 2007. "87년 체제는 없다." 제10회 비판사회학회 발표논문. 2007년 10월 3일.

조대엽. 2009. "사회변동으로서의 '촛불'과 시민운동의 주기." 『참여사회』 150호. 참여사회연구소.

조돈문. 2016. 『노동시장의 유연성-안정성 균형을 위한 실천』. 서울: 휴마니타스.

조희연. 2009a. "'87년 체제', '97년 체제'와 민주개혁운동의 전환적 위기." 김종엽 엮음. 『87년 체제론』. 서울: 창비.

_____. 2009b. "'진보좌파, 87년 체제 진정한 계승자 돼야'와 '좌파는 유연한 정치연합 구사해야.'" 《레디앙》 9월 28일자.

_____. 2016. 『투 트랙 민주주의』. 서울: 서강대학교출판부.

조희연, 서영표. 2009. "체제논쟁과 헤게모니전략." 『마르크스주의 연구』 15호(가을호). 경상대학교 사회과학연구원.

최장집. 1988. 『한국의 노동운동과 국가』. 서울: 열음사.

_____. 1993. 『한국민주주의 이론』. 서울: 한길사.

_____. 2005. 『민주화이후의 민주주의』. 서울: 후마니타스(개정판).

한국복지국가연구회. 2012. 『한국복지국가의 정치경제』. 서울: 아연출판부.

홍윤기. 2005. "국민헌법에서 시민헌법으로." 창비시민행동 공동 심포지엄 '87년 체제의 극복을 위하여' 발표 논문.

Acemoglu, Daron. and James Robinson. 2013. *Why Nations Fail.* Crown Business.

Althusser, Louis. 2006. *Philosophy of the Encounter*. London: Verso.

Aston, T. H., et al. 1987. *The Brenner Debate: The Agrarian Class Structure and Economic Development in Pre-Industrial Europe*. Cambridge: Cambridge Univ. Press.

Balibar, E. 1977. *On the Dictatorship of the Proletariat*. London: Monthly Review Books.

Bhaskar, Roy. 1979. *The Possibility of Naturalism*. New Jersey: Humanities Press.

Braudel, Frenando. 1972. "History and Social Science: the longue duree". in P.

Burke ed., *Economy and Society in Modern Europe.* London: Routledge & Kegan Paul. 11-42.

Buroway, Michael. 1985. *The Politics of Production.*London: Routledge.

Collier, Andrew. 1994. *Critical Realism: An Introduction to Roy Bhaskar's Philosophy.* London: Verso.

Cumings, Bruce. 1998. "The Korean Crisis and the End of 'Late Development'". *New Left Review. 231(Sept./Nov.)*

Esping-Anderson, G. 1990. *The Three Worlds of Welfare Capitalism.* Cambridge: Polity.

Foucault, Michel. 1980. *The History of Sexuality.* NY: Vintage Books.

Gallois, Pierre. 1961. *The Balance of Terror: Strategy for the Nuclear Age.* Houghton Miffin.

Ginsberg, Benjamin. et al. 2002. *Politics by Other Means.* NY: W.W. Norton & Co. 3rd Edition.

Gramsci, Antonio. 1971. *Selections from Prison Notebooks.* NY: International Publishers.

Hall, Peter and David Soskice eds. 2001. *Varieties of Capitalism.* Oxford: Oxford Univ. Press.

Hamilton, Alexander, et al.. 2003. *The Federalist Papers.* NY: Signet.

Hamilton, Clive. 1983. "Capitalist Industrialization in East Asia's Four Little Tigers". *Journal of Contemporary Asia. 13:1.*

__________. 1986. *Capitalist Industrialization in South Korea.* Boulder: Westview.

Hirota, Shinichi. 2015. *Corporate Finance and Governance in Stakehoder Society: Beyond Shareholder Capitalism.* London: Routledge.

Holloway, John., et. al eds. 1978. *State and Capital: A Marxist Debate.* Austin: Univ. of Texas at Austin.

Jessop, Bob. 1990. *State Theory: Putting Capitalist States in Their Place.* University Park: Penn. State University Press.

Jessop, Bob. 1994. "The Transition to Post-fordism and Schumpeterian Workfare State". in R. Burrows. et al. eds. *Towards A Schumpeterian Workfare State?* London: Routledge.

Jeong. Seung-Il. 2004. *Crisis & Restructuring in East Asia.* Palgrave Macmillan.

Jones, Leroy, and Sakong Il. 1980. *Government, Business, and Entrepreurship Economic Development: The Case of South Korea*. Cambridge: Harvard Univ Press.

Johnston. Paul. 1994. *Success While Others Fail: Social Movement Unionism and the Public Workplace*. ILR Press Books.

Kelly, Gavin. 1997. *Stakeholder Capitalism*. London: Macmillan.

Keohane, Robert O. 1984. *After Hegemony*. Princeton: Princeton Univ. Press.

Kim, Dae Jung. 1985. *Mass-Participatory Economy*. Lanham: Center for International Affairs, Harvard Univ. Press.

Kiloh, Magaret. 1986. "Industrial Democracy". in David Held et al. eds. *New Forms of Democracy*. Beverely Hills: Sage.

Krasner, Stephen. 1983. "Structural Causes and Regime Consequences: Regimes as Intervening Variables." in Stephen Krasner ed., *International Regimes*. Ithaca: Cornell Univ. Press.

Krugman, Paul. 1994. "The Myth of Asia's Miracle". *Foreign Affairs* 73: 6(Nov./Dec).

Laclau, E. and Chantel Mouffe. 1985. *Hegemony and Socialist Strategy*. London: Verso.

Lawson, K., et al. eds. 1988. *When Parties Fail. Princeton*. Princeton University Press.

Lenin. 1964. *Collected Works Vol. 22*. Moscow: Progress Pub.

Lijpart, Arend. 1984. D*emocracies*: *Patterns of Majoritarian and Consensus Government in Twenty- One Century*. New Haven: Yale Univ. Press.

Linz, Juan. 1994. *The Failure of Presidential Democracy*. Washington D.C. John Hopkins Univ. Press.

Lipset, Symour. 1959. "Some Social Requisites of Democracy". *American Political Science Reiew. 53(March)*.

__________. 1997. *American Exceptionalism*. NY; W.W. Norton & Co.

Marcos, Subcommandante. 2002. "The Fourth World War Has Begun". in Tom Hayden ed. *The Zapatista Reader*. NY: Thunder's Mouth Press

Marx, Karl. 1967. *Capital Vol. 1*. NY: International Publishers.

_______. 1979. "The Eighteenth Brumaire of Louis Bonaparte". *Collected Works Vol. 11*. NY: International Publishers.

_________. 1986. "The Civil War in France". *Collected Works. Vol. 22*. NY: International Publishers.

O'Donnell, Guillermo. 1994. "Delegative Democracy". *Journal of Democracy*. 5:1.

__________. 1971. *Modernization and Bureaucratic-Authoritarianism*. Berkeley: Univ. of California.

O'Donnell, Guillermo. and Philippe Schmitter. 1986. *Transitions from Authoritarian Rule: Tentative Conclusions about Uncertain Democracies*. Baltimore: John Hopkins Univ. Press.

Petras, James. 1997. "Alternatives to Neoliberalism in Latin America". *Latin American Perspectives*. 24:1.

Piven, Frances, and R. Cloward. 1979. *Poor People's Movements*. NY: Vintage Books.

Polyani, Karl. 1971. *The Great Transformation*. NY: Beacon Press.

Poulantzas, Nicos. 1971. *Political Power and Social Classes*. London: Verso.

Rousseau, Jean-Jacques. 1967. *The Social Contract*. ed. with an Introduction by Lester G. Crocker. NY: Washington Square Press.

Sasssoon, A.S. 1982. "Passive Revolution and Politics of Reform". in A.S. Sassoon ed. *Approaches to Gramsci*. London: Lawrence & Wishart.

Schattschneider, E. 1975. *The Semisovereign People : a Realist's View of Democracy in America*. Hinsdale, Ill. : Dryden Press, c1975 (샤츠슈나이더, E. E. 현재호 박수형 옮김. 2008. 『절반의 인민주권』. 서울: 후마니타스).

Schmitter, Philippe. 1992. "The Consolidation of Democracy and Representation of Social Groups." *American Behavioral Scientist, 30*: 4/5(March/June).

Shirky, Clay. 2009. *Here Comes Everybody: The Power of Organizing without Organizations*. NY: Penguin Books.

Singer, Poter. 2001. *Animal Liberation*. NY: Ecco Press.

Smith, Graham. 2009. *Democratic Innovations: Designing Institutions forCitizen Participation*. Cambridge: Cambridge Univ. Press.

Sonn, Hochul. 1987. "Towards a Synthetic Approach of Third World Political Economy: The Case of South Korea". Ph. D. Dissertation. Univ. of Texas at Austin.

__________. 1997. "The Late Blooming of the South Korean Labor Movements." *Monthly Review. July/August*.

__________. 2006. "The Post Cold War World Order and Domestic Conflict in South Korea: Neo-liberalism and Armed Globalization." in Vedi Hadiz ed.,

Empire and Neo-liberalism in Asia. London: Routledge.

Tu, Wei-Min, 1991. *The Triadic Chord: Confusion Ethic, Industrial East Asia, and Max Weber.* Singopore.

Wade, Robert., et. al. 1998. "The Asian Crisis: The High Debt Model versus The Wall Street-Treasury-IMF Complex". *New Left Review. 228* (*March/April*).

Wallerstein, I. 1974. *The Modern World System I.* New York: Academic Press.

Wampler, Brian. 2007. *Participatory Budgeting in Brazil.* Pen. State Univ. Press.

Weber, Max. 1958. *The Protestant Ethic and the Spirit of Capitalism.* NY: Scriber's.

White, Gorden ed. 1988. *Developmental States in East Asia.* New York: St. Martin's Press.

찾아보기

ㄱ

ㄹ

ㅁ

ㅂ

ㅇ

ㅈ

ㅊ

ㅋ

ㅌ

ㅍ

ㅎ

2쇄 후기

이 책의 원고를 넘긴 지 반년, 책을 출간한 지 석 달이 지났습니다. 그동안 이 책의 예측처럼 박근혜가 탄핵을 당해 교도소에 갇혔습니다. 그리고 이어진 조기 대선에서 예상대로 문재인 더불어민주당 전 대표가 대통령에 당선됐습니다. 이와 관련, 최근의 변화에 대해 간단히 짚고 넘어갈 필요가 있습니다.

우선 이번 대선은 촛불혁명의 연장이었습니다. 태극기부대의 조직화와 저항이 있었지만 대선 결과는 촛불민심과 놀랍도록 일치했습니다. 구체적으로 탄핵국면에서 탄핵지지 여론이 줄곧 70% 중반을, 반대 여론이 20% 중반을 기록했는데 대선 결과 문재인, 안철수, 유승민, 심상정 등 탄핵지지 후보들이 70% 중반대의 지지를 받았고 탄핵에 반대했던 자유한국당은 20% 중반대 지지에 그쳤습니다.

둘째, 촛불혁명의 평가입니다. 이번 투쟁을 주도한 퇴진행동 관계자는 이번 촛불이 “한국현대사에서 최초로 성공한 혁명”이라고 평가했습니다. 물론 박근혜 퇴진에 성공했고 87년 6월항쟁과 달리 정권교체에도 성공했습니다. 그러나 혁명이 항쟁과 다른 것은 단순한 정권교체가 아니라 정치 내지 경제, 사회의 근본적인 변화를 추구하는 것입니다. 따라서 퇴진과 정권교체만으로 '성공한 혁명'이라고 볼 수 없습니다. 만일 촛불의 목표가 그런 것이었다면 촛불은 '촛불혁명'이 아니라 '촛불항쟁'이라고 불러야 합니다. 사실 퇴진행동이 내건 목표만 하더라도 6대 적폐청산 중 사드 등 미완의 과제들이 많습니다. 따라서 이번 항쟁을 단순한 항쟁으로 보더라도 박근혜 퇴진이라는 일차 목표는 이루어졌지만 적폐청산은 아직 진행 중인 미완의 항쟁입니다. 나아가 저처럼 이번 촛불을 단순히 퇴진과 정권교체를 넘어서 탈헬조선 투쟁으로 본다면, 촛불은 아직도 진행 중인 현재진행형의 촛불혁명입니다.

셋째, 탈헬조선과 관련해, 문재인 대통령이 경제민주주의에 비상한 관심을 기울이고 있는 것은 박수를 쳐 환영할 일입니다. 그러나 이 같은 탈헬조선이 빠른 시간 내에 이루어질 것 같지는 않습니다. 따라서 올해 안에 새로운 체제(2017년 체제)가 헬조선의 원인인 97년 신자유주의 체제를 대체할 것이라고 보기는 어렵습니다. 이와 관련, 안타까운 것은 촛불의 지휘본부였던 퇴진행동입니다. 퇴진행동은 놀라운 지도력으로 역사적인 박근혜 퇴진에는 성공했지만 이후 고장 난 대의제와 헬조선에 대한 대중의 분노, 그리고 새로운 공화국에 대한 대중의 열망을 응집시켜 대선과 이후국면에 적극적으로 개입하는 데에는 실패했습니다. 선거제도 개혁, 개헌, 헬조선 등 개혁적 의제들과 정책들을 가지고 정세에 개입했어야 했지만, 너무 다양한 세력들을 끌어 모은 몸집 탓에 행동에 필요한 통일된 노선을 만드는 데 실패한 것입니다. 따라서 박근혜 퇴진 이후 대선국면 등에서 촛불은 투표 이외에는 또 다시 구경꾼으로 전락하고 말았습니다.

넷째, 문재인 대통령은 기대 이상으로 국정운영과 개혁을 잘 해나가고 있습니다. 그리고 높은 지지율을 기록하고 있습니다. 노무현정부의 시행착오를 가까이에서 지켜본 학습효과가 큰 것 같습니다. 그러나 심각하게 우려되는 것이 있습니다. 이는 문재인정부가 국정개혁을 국회를 우회하고 대신 대통령의 시행령에 의존하는 '시행령주의'로 이끌어가고 있다는 점입니다. 물론 여소야대, 특히 제1야당이 자유한국당이라는 점을 고려하면 이해가 가기도 합니다. 그러나 이는 지속될 수 없는 자충수입니다. 국회해산과 총선거는 불가능하고 국회임기가 아직도 3년 가까이 남았습니다. 따라서 지금처럼 국민의 지지를 무기로 국회를 우회하는 방식을 버리고 앞에서 지적한 '촛불연정'의 방식으로 국회에서 안정적 의석을 확보하고 국회와 함께 개혁을 추진해 나가야 합니다. 사실 개인적으로 국민의 당에게 호남출신의 총리를 추천하라고 제안하고 이를 매개로 연정을 추진했어야 한다고 생각합니다. 그래서 최소한 국민의 당, 정의당, 그리고 가능하면 사안에 따라 바른정당의 지지를 얻어 얻어 촛불개혁을 지속적으로 추진해 나가야 합니다. 더 늦기 전에 이 같은 방향으로의 전환이 필요합니다.

2017년 6월 30일